Dr. Oetker

Einmach-Ideen

Unipart Verlag · Stuttgart

Seite

KÜCHENRATGEBER 10–21

TRADITIONELL EINGEKOCHTES MIT PFIFF 22

OBST

Äpfel 30
Apfelmus 26
Apfelstückchen (für Tortenfüllungen) 24
Aprikosen, süß-sauer 33
Birnen 34
Birnen-Kompott 28
Dreifrucht 35
Eingelegte Pfirsiche und Birnen 29
Erdbeeren 29
Feines Kirsch-Kompott 26
Heidelbeeren, Bickbeeren, Blaubeeren 28
Holunder-Kompott, bayrisch 28
Ingwer-Essig-Pflaumen 32
Mirabellen 34
Pfirsiche 30
Pflaumen 24
Pflaumen-Kompott 24
Pikante Birnen, süß-sauer 32
Pikante Melonen 26
Renekloden 25
Renekloden in Armagnac 30
Rhabarber 30
Sauerkirschen im eigenen Saft 27
Stachelbeeren 33
Süßkirschen 35
Walnuß-Backpflaumen-Mus 29
Würziges Holunder-Kompott 31
Würziges Winter-Kompott 25
Zwetschen, süß-sauer 26

GEMÜSE

Bohnen 45
Broccoli 61
Champignons 53
Dicke Bohnen 54
Dill-Gurken 60
Eingekochter Kürbis, pikant 66
Eingelegte Stangen-Bohnen 69
Erbsen 36
Essig-Gurken 64
Ingwer-Möhren 24
Knoblauch-Gurken 48
Kohlrabi 46
Kürbis, würzig 54
Mittelmeer-Pickles 59
Mixed-Pickles 40
Möhren 46
Paprika-Gurken-Gemüse 44
Pfifferlinge 52
Rote Bete, Rote Rüben 68
Rotkohl 44
Salzgurken 37
Schwarzwurzeln 36
Sellerie 36
Spargel 37
Spargelstücke 48
Staudensellerie 44
Steinpilze 52
Süß-saure Champignons 52
Süß-saure Paprika und Tomaten 42
Tomatenmark 69
Wirsing 45
Würz-Gurken 64
Würzige Senfgurken 38
Zucchini 45

FLEISCH, WURST UND FERTIGE GERICHTE

Bauernleber-Pastete 63
Bauern-Sülze 50
Chili con carne 58
Eingekochte Ente in Orangensud 62
Eingekochte Gans 50
Gefüllte Paprikaschoten 40
Gefülltes Eisbein 48
Geschmorte Rinderhaxe im Gemüsesud 56
Gulasch 38
Heide-Frühstück 56
Irish-Stew 48
Kohlrouladen 60
Landleberwurst, grob 38
Mett 63
Pfeffer-Rippchen 60
Pfeffer-Sülze 63
Pot au feu 68
Poularden-Paprika-Sülze 56
Puzßta-Hähnchen-Topf 50
Rinderhack-Pastete 46
Rinder-Rouladen 42
Rinder-Schmorbraten 66
Rotkohl-Rouladen 67
Salbei-Rippchen 66
Sauerbraten 54
Sauerfleisch, pikant 46

Schulterbraten in Apfelsud 40
Schweinerücken in Orangensud 64
Steckrüben, bäuerliche Art 42
Wildsülze in Portwein-Gelee 55

FRUCHTIGE KONFITÜREN UND MARMELADEN 70

Ananas-Avocado-Apfel-Konfitüre 78
Ananas-Konfitüre 102
Apfel-Konfitüre 76
Apfelsinen-Feigen-Marmelade 72
Apfelsinen-Marmelade 94
Apfelsinen-Pomelo-Marmelade 89
Aprikosen-Bananen-Konfitüre 94
Aprikosen-Konfitüre 102
Aprikosen-Mandel-Konfitüre 96
Birnen-Konfitüre 86
Brombeer-Holunder-Konfitüre 100
Brombeer-Konfitüre 84
Brombeer-Konfitüre mit Gin 96
Brombeer-Pfirsich-Konfitüre 96
Erdbeer-Kiwi-Konfitüre mit grünem Pfeffer 72
Erdbeer-Konfitüre 90
Erdbeer-Konfitüre mit Gelfix Zwei + Eins 81
Erdbeer-Püree 102
Erdbeer-Rhabarber-Konfitüre 82
Erdbeer-Sauerkirsch-Konfitüre 74
Feigen-Apfelsinen-Marmelade mit Schuß 77
Grapefruit-Mandarinen-Marmelade 78
Hagebutten-Konfitüre 94
Heidelbeer-Konfitüre 100
Himbeer-Johannisbeer-Konfitüre 84
Himbeer-Kiwi-Konfitüre 77
Himbeer-Konfitüre 98
Himbeer-Orangen-Konfitüre 101
Himbeer-Püree 92
Johannisbeer-Kirsch-Konfitüre 97
Johannisbeer-Konfitüre aus roten Johannisbeeren . . 74
Johannisbeer-Konfitüre aus roten und schwarzen Johannisbeeren 76
Johannisbeer-Pfirsich-Konfitüre 84
Johannisbeer-Püree 76
Kirsch-Whisky-Konfitüre 100
Kiwi-Konfitüre 82
Kumquat-Orangen-Marmelade 74
Mandarinen-Orangen-Marmelade 88
Mango-Konfitüre 90
Mango-Melonen-Konfitüre 98
Mehrfrucht-Konfitüre 86
Nektarinen-Konfitüre 90
Pampelmusen-Marmelade 78
Pampelmusen-Marmelade mit Pfiff 92
Papaya-Avocado-Konfitüre 92
Papaya-Himbeer-Konfitüre 72
Pfirsich-Konfitüre 80
Pfirsich-Konfitüre mit Zitronenmelisse 86
Pfirsich-Melonen-Konfitüre 76
Pflaumen-Holunder-Konfitüre 80
Pflaumen-Konfitüre mit Wodka 92
Pflaumen- oder Zwetschen-Konfitüre 98
Pflaumen- oder Zwetschenmus 81
Pomelo-Ananas-Marmelade 93
Preiselbeer-Birnen-Konfitüre 93
Preiselbeer-Konfitüre 73
Quitten-Konfitüre 80
Renekloden-Konfitüre 90
Rhabarber-Ingwer-Konfitüre 98
Rhabarber-Nektarinen-Konfitüre 74
Rhabarber-Pfirsich-Aprikosen-Konfitüre 85
Sauerkirsch-Konfitüre 81
Sauerkirsch-Konfitüre mit Rotwein 85
Sauerkirsch-Vanille-Konfitüre 78
Schlehen-Apfel-Konfitüre 96
Stachelbeer-Bananen-Konfitüre 86
Stachelbeer-Konfitüre 102
Weintrauben-Konfitüre 102
Zitronen-Marmelade 88

FEINE KÖSTLICHE GELEES 104

Apfel-Gelee 120
Apfelkraut 124
Apfelsinen-Gelee 122
Birnen-Gelee 106
Brombeer-Apfel-Gelee 122
Brombeer-Gelee 122
Brombeer-Gelee mit Nektarinen 121
Ebereschen-Gelee 116
Erdbeer-Gelee 109
Exotisches Dreifrucht-Gelee 113
Himbeer-Gelee mit Zitronenmelisse 119
Himbeer-Johannisbeer-Gelee 120
Holunder-Apfel-Gelee 112
Holunderbeer-Gelee 114
Holunderbeer-Gelee mit Birnen 124
Ingwer-Gelee 109
Johannisbeer-Gelee mit Gelfix Zwei + Eins 113
Johannisbeer-Gelee aus roten Johannisbeeren 108
Johannisbeer-Gelee aus Saft 110
Johannisbeer-Gelee aus schwarzen Johannisbeeren .108
Johannisbeer-Himbeer-Gelee 118
Johannisbeer-Süßkirsch-Gelee 106
Josta-Gelee 114

Kirschäpfel-Gelee 114
Limonen-Gelee 115
Maracuja-Gelee 113
Nektarinen-Gelee 116
Orangen-Gelee mit Whisky 114
Pampelmusen-Gelee 115
Pfirsich-Gelee 110
Pflaumen- oder Zwetschen-Gelee 110
Preiselbeer-Gelee mit Cidre 118
Quitten-Gelee 110
Rhabarber-Gelee 112
Rhabarber-Orangen-Gelee 119
Sauerkirsch-Gelee 116
Stachelbeer-Gelee 108
Stachelbeer-Gelee mit Aprikosen 116
Stachelbeer-Gelee mit Bananen 118
Stachelbeer-Himbeer-Gelee 106
Weintrauben-Gelee 124
Zitronen-Gelee 114

ERFRISCHENDE SÄFTE, SÜSS UND PIKANT 126

Brombeer-Saft, gekocht 128
Erdbeer-Saft, gekocht 128
Gemüse-Saft, gedämpft 131
Gurken-Saft, gedämpft 130
Himbeer-Saft, gekocht 128
Himbeer-Saft, roh 132
Holunderbeer-Saft, gekocht 133
Johannisbeer-Himbeer-Saft, roh 131
Johannisbeer-Saft aus roten Johannisbeeren, gekocht 130
Johannisbeer-Saft aus schwarzen Johannisbeeren, gekocht 128
Möhren-Saft, gedämpft 130
Rhabarber-Saft, gedämpft 128
Sanddorn-Saft, gekocht 128
Sauerkirsch-Saft, gekocht 133
Sauerkirsch-Saft, roh 132
Sauerkirsch-Saft, gekocht 130
Schlehen-Brombeer-Saft, gekocht 132

FRÜCHTE IN ALKOHOL UND LIKÖRE FÜR GOURMETS 134

Äpfel und Ananas in Calvados 145
Ananas in Wodka 144
Backobst in Rum 142
Birnen und Pflaumen in Rotwein 144
Brombeeren in Weinbrand 141
Brombeer-Likör 136
Eingelegte Kumquats 136
Erdbeeren in Madeira 140
Erdbeer-Likör 136
Exotische Früchte in Weinbrand 140
Feigen in weißem Rum 142
Fruchtmix in Weinbrand 142
Heidelbeer-Likör 136
Himbeeren in Himbeergeist 140
Himbeeren in Weinbrand 143
Ingwer-Likör 138
Kaffee-Likör 139
Kirschen in Kirschwasser 140
Kümmel-Likör 138
Melone in Gin 145
Orangen-Likör 136
Pfälzer Cognac-Quitten 138
Pfälzer Feigen 143
Pfefferminz-Likör 138
Pfirsiche und Kiwis in weißem Rum 139
Roter Weintopf 142
Rum-Topf 144
Sauerkirschen in Rum 140
Schattenmorellen in Rum 143
Stachelbeeren in Gin 140
Trauben und Ananas in braunem Rum 139
Weinbrand-Pfirsiche 142
Weißer Rum-Topf 145
Wodka-Topf 145
Zwetschen in Rum 142

HERZHAFT EINGELEGTES UND EINGESALZENES 146

Auberginen in Öl 159
Birnen, mal ganz anders 162
Champignons, eingelegt 156
Eingelegter Blumenkohl 164
Eingelegte Möhren 154
Essig-Gurken mit Meerrettich 164
Essig-Pflaumen 152
Fenchel, süß-sauer 164
Grüne Bohnen, eingesalzen 166
Grüne Tomaten in Essig 148
Gurken in Bier 162
Gurkentaler 163
Harzer-Käse in Öl 158
Hausgemachter süßer Senf 149
Ingwer-Gurken nach altem Rezept 164
Ingwer-Kürbis 150
Junger Knoblauch im Essigsud 155
Kräuter-Gurken 148

Kürbis, süß-sauer 156
Marinierter Schafskäse 152
Matjes in Dill 159
Melone, süß-sauer 161
Paprika, süß-sauer, eingelegt 156
Perlzwiebeln, süß-sauer 160
Pfirsich-Ingwer-Pickles 167
Pickles aus buntem Gemüse 154
Pikante Zwiebeln 153
Pilze in Öl 162
Prinzeßbohnen, süß-sauer 160
Provençalische Oliven 158
Renekloden, süß-sauer 155
Rote Bete mit Kümmel und Meerrettich 150
Rotkohl, süß-sauer 148
Sauerkraut 166
Senf-Früchte 150
Senf-Gemüse 153
Senfgurken 167
Süß-saure Gurken 152
Süß-saure Pflaumen oder Mirabellen 158
Tomaten in Essig 160
Ungarischer Gemüse-Sud (Csalamàdè) 166
Würzig eingelegte Rote Bete 149
Würzige Essig-Pflaumen 156
Zuckerscheiben 161

WÜRZIGE ESSIGE UND ÖLE MIT KRÄUTERN UND FRÜCHTEN 168

Basilikum-Essig 170
Dill-Essig 170
Estragon-Essig 171
Feuriger Kräuter-Essig 175
Gewürz-Essig 173
Himbeer-Essig 172
Holunder-Essig 170
Knoblauch-Essig 174
Kräuter-Öl-Mischung 175
Kräuter-Öl, pikant 174
Öl mit Kräutern 174
Orangen-Essig 170
Paprika-Öl 174
Pesto (Italienische Basilikum-Soße) 172
Rosmarin-Öl 171
Scharfes Gewürz-Öl 170
Thymian-Öl mit Lavendel 172
Wein-Essig mit Pfeffer 174
Würziger Sherry-Essig 170
Zitronenmelisse-Lavendel-Essig 171

CHUTNEYS, KETCHUPS UND RELISHES – DIE RAFFINIERTEN BEILAGEN 176

Ananas-Chutney 180
Apfel-Feigen-Chutney 178
Apfel-Zwiebel-Chutney 178
Curry-Ketchup 179
Orangen-Chutney 180
Pfirsich-Aprikosen-Relish 183
Tomaten-Ketchup 179
Tomaten-Paprika-Chutney 180
Tomaten-Paprika-Ketchup 182
Tomaten-Paprika-Relish 178
Zwiebel-Paprika-Relish 182

EINMACH-SPEZIALITÄTEN FÜR KALORIENBEWUSSTE 184

Ananas-Ingwer Konfitüre mit Limettensaft 190
Aprikosen-Chutney aus Trockenfrüchten 194
Citrus-Gelee mit Fruchtstückchen 191
Erdbeer-Konfitüre mit Flüssigsüße 186
Erdbeer-Rhabarber-Konfitüre mit Flüssigsüße 192
Essig-Tomaten 188
Exotische Essig-Früchte 186
Exotische Frucht-Pickles 194
Exotischer Rum-Topf 194
Gelbe Silber-Zwiebeln 188
Ingwer-Äpfel 186
Kiwi-Konfitüre mit Grapefruit 190
Marinierter Spargel 189
Pflaumen-Relish 195
Safran-Birnen in Weißwein 192
Sellerie-Salat, eingelegt 189
Süß-saure Essig-Birnen 192

Wir danken folgenden Firmen für die freundliche Unterstützung:
Assugrin, Köln; Bauer-Verlag, Hamburg; Bildarchiv, Ostfildern; Burda, München; Jahreszeiten-Verlag, Hamburg; Komplett-Büro für Presse- und Öffentlichkeitsarbeit, München; R. Neetix, Bielefeld; Wolf-Geräte GmbH, Betzdorf.

Lizenzausgabe für
UNIPART VERLAG GMBH
Remseck bei Stuttgart, 1995

ISBN 3 8122 3548 X

Ratgeber zum Einmachen

SICOMATIC
60
Garzeiten-
Richtwerte
(Kochbuch beachten
Ganze Erbsen,
nicht eingeweicht
50
Zunge
Linseneintopf
Fleisch-
brühe
40
Siedfleisch
30
Rindsbraten
Schweinebraten
Kalbfleisch
20
Spinat
Reis
Gulasch
5

Wie Sie gartenfrisches Obst und Gemüse aber auch Fleisch und Wurst richtig vorbereiten und auf die verschiedensten Arten haltbar machen, schildern die nachfolgenden, in der Dr. Oetker Versuchsküche sorgfältig ausgearbeiteten Regeln. Machen Sie sich diese Tips und Hinweise zu eigen, damit Sie Ihr Selbsteingemachtes mit Freude genießen können.

Traditionell Eingekochtes mit Pfiff –

Obst, Gemüse und Fleisch

Regeln:

1. Nur Obst und Gemüse von bester Beschaffenheit sind zum Haltbarmachen geeignet.
2. So frisch wie möglich muß das Einmachgut verarbeitet werden. Im eigenen Garten in den frühen Morgenstunden ernten, bevor die Hitze des Tages sich auswirkt, und nur so viel vorbereiten, wie am gleichen Tag verwertet werden kann. Nur in Ausnahmefällen kann Gemüse oder Obst bis zum anderen Tag aufbewahrt werden und muß dann an einem kühlen Ort trocken, aber ausgebreitet lagern.
3. Zum Kochen der Früchte eignen sich sowohl Emaille- als auch Edelstahltöpfe. Beschädigte Töpfe sollen in der Einmachküche nicht benutzt werden.
4. Alle Einmachgefäße und -geräte dürfen nur ausschließlich für ihren besonderen Zweck verwendet und vor allem nicht mit Fett in Berührung gebracht werden.
5. Auf größte Sauberkeit muß beim Einmachen unbedingt geachtet werden, schon das kleinste Krümchen Brot, das in ein Einmachgefäß fällt, kann den Inhalt zum Gären, d.h. zum Verderben bringen.
6. Nur einwandfreie, unbeschädigte Einkochgläser verwenden, da gesprungene oder ausgesplitterte Ränder von Gläsern oder Deckeln keinen festen Verschluß ergeben.
7. Die Einkochgläser vor jedem Gebrauch gründlich in heißem Wasser unter Zusatz eines handelsüblichen Spülmittels reinigen (Reste von alten Gummiringen vollkommen entfernen), in klarem Wasser nachspülen. Die Gläser, auf ein Tuch gestülpt, ablaufen lassen.
8. Die Einkochringe (brüchige oder beschädigte Ringe nicht verwenden) einige Minuten in klarem Wasser kochen lassen, sie dann bis zur Verwendung in frisches Wasser legen.
9. Beim Einfüllen von heißem Einkochgut (am besten mit Hilfe eines Einfüllringes) müssen die Gläser auf einem nassen Tuch stehen.
10. Rohes Einkochgut bis fast unter den den Glasrand, vorgekochtes (wenn im Rezept nicht anders angegeben) bis 2 cm unter den Rand füllen. Alle Flüssigkeiten dürfen nur bis 2 cm unter den Glasrand reichen. Mit breiartigem Einkochgut die Gläser nur etwa 3/4 füllen.
11. Gummiring und Deckel naß auf den gesäuberten Glasrand legen. Wenn die Einkochgläser mit Bügeln oder Federn verschlossen werden, darauf achten, daß die Gummiringe sich nicht verschieben.

12. **Einkochen im Einkochapparat**
    Die Gläser immer auf den Spezial-Einsatz stellen oder auf einen Drahtrost, niemals direkt auf den Topfboden.
13. Den Einkochtopf mit so viel Wasser füllen, daß die Gläser bis zu 3/4 ihrer Höhe davon umgeben sind. Gläser mit kaltem Wasser aufsetzen und solche mit heißem Inhalt mit heißem Wasser.
14. Damit die erforderlichen Wärmegrade während des Einkochens genau eingehalten werden können, ist ein einwandfreies Thermometer, das bis in das Wasser hineinreichen muß, unbedingt erforderlich. Um die zum Sterilisieren erforderliche Temperatur zu erreichen, bei Gas die Flamme groß stellen, bei Strom auf Stufe 3 schalten. Die Einkochzeit beginnt erst dann, wenn das Thermometer den jeweils in den Rezepten vorgeschriebenen Hitzegrad erreicht hat. Um diese Temperatur zu halten, bei Gas die Flamme dann entsprechend verkleinern (ab und zu kontrollieren), bei Strom auf Stufe I schalten (es ist ratsam, kurz bevor der vorgeschriebene Hitzegrad erreicht ist, schon von Stufe 3 auf Stufe I zu schalten).

Das Wasser darf nicht sprudelnd kochen, sondern nur ziehen, da sonst leicht Flüssigkeit aus den Gläsern kocht, sich zwischen Gummiring und Deckel setzt und einen luftdichten Verschluß unmöglich macht.

15. Nach Beendigung der vorgeschriebenen Einkochzeit die Gläser **sofort** aus dem Wasserbad nehmen (Zugluft nach Möglichkeit vermeiden), da andernfalls die Einkochzeit unnötig verlängert und das Einkochgut zu weich oder unansehnlich wird. Die Gläser bleiben unter Bügel- oder Federdruck, bis sie vollkommen erkaltet sind.
16. Es ist zweckmäßig, auf jedes Gefäß ein Schildchen mit der Bezeichnung des Eingemachten und dem Datum der Herstellung zu kleben, damit das ältere Eingemachte stets zuerst verwendet wird.
17. Alles Eingemachte muß an einem trockenen, kühlen, der Zugluft zugänglichen Ort aufbewahrt und von Zeit zu Zeit durchgesehen werden (direkte Sonnenbestrahlung vermeiden).

18. **Einkochen im Backofen**
Die gleichen Vorbereitungen treffen, wie unter Punkt 1–11 beschrieben. Um die Wärme im Backofen richtig auszunutzen, jeweils 6 Gläser von gleicher Größe und mit gleichem Inhalt (oder verschiedenem Inhalt, aber gleicher Einkochzeit), ohne daß sie sich berühren, in die 1 cm hoch mit Wasser gefüllte Rostbratpfanne stellen. Die Gläser mit einer Schicht nassem Papier bedecken und die Rostbratpfanne so weit wie möglich nach unten in den Backofen schieben.

a) **Im Elektroherd** auf 180–200 schalten. Sobald die Kontrollampe zum ersten Mal erloschen ist, die Bratpfanne mit den Gläsern einschieben. Nach 60–70 Minuten beginnt es in den Gläsern zu perlen, d.h. es steigen vom Boden der Gläser rasch hintereinander Luftbläschen auf.
Bei Obst den Ofen ausstellen und die Gläser noch 30 Minuten in der Speicherwärme des Backofens stehenlassen.
Bei Gemüse auf 125–140 schalten, wenn es in den Gläsern perlt, das Gemüse noch 90 Minuten bei dieser Temperatur sterilisieren lassen.
Ob es sich um Ost oder Gemüse handelt, die Gläser am besten außerhalb des Ofens erkalten lassen, sie jedoch mit einem Tuch bedecken, damit sie vor Zugluft geschützt sind.

b) **Im Gasherd** eine Einstellung von 1½–2½ wählen. Nach 50–70 Minuten beginnt es in den Gläsern zu perlen, d.h. es steigen vom Boden der Gläser rasch hintereinander Luftbläschen auf. Die Einkochzeit von diesem Zeitpunkt ab rechnen.

Fleisch

Regeln

1. Zum Einkochen von Fleisch sind gerade Einkochgläser (Sturzform) am besten geeignet. Nur einwandfreie, unbeschädigte Gläser verwenden, da gesprungene oder ausgesplitterte Ränder von Gläsern oder Deckeln keinen festen Verschluß ergeben.
2. Die Einkochgläser vor jedem Gebrauch gründlich in heißem Wasser unter Zusatz eines handelsüblichen Spülmittels reinigen (Reste von alten Gummiringen vollkommen entfernen) und in heißem Wasser nachspülen. Gläser und Deckel auf ein Tuch gestülpt, ablaufen lassen.
3. Die Einkochringe (brüchige oder beschädigte Ringe nicht verwenden) einige Minuten in klarem Wasser kochen lassen, sie dann bis zur Verwendung in frisches Wasser legen.
4. Jedes einwandfreie frische Fleisch kann, roh oder zubereitet, eingekocht werden. Die Rezepte in diesem Buch wollen nur ein paar Anregungen geben und können beliebig erweitert oder den eigenen Erfahrungen entsprechend abgeändert werden.
5. Um wirtschaftlich zu arbeiten, empfiehlt es sich, 4 Gläser mit gleichem Inhalt oder aber mit verschiedenem Inhalt, aber gleicher Einkochzeit in den Einkochapparat zu stellen.
6. Die verschlossenen Gläser (Glasränder besonders sorgfältig reinigen) **sofort** erhitzen, damit das Fleisch nicht unnötig lange steht, sondern so schnell wie möglich sterilisiert wird.

Einkochen im Schnellkochtopf

Das Einkochen von Gläsern oder Dosen in Schnellkochtöpfen spart Zeit und Energie. Die sonst üblichen Einkochzeiten werden auf etwa ¼ reduziert.

Regeln

1. Voraussetzung für ein gutes Gelingen ist auch bei dieser Einkoch-Methode, daß nur frisches, einwandfreies Obst und Gemüse verwendet wird (s. Regeln S. 12 ab Punkt 1).
2. In Schnellkochtöpfen mit 7 oder 9 l Inhalt passen entweder 4 ½-l-Hochgläser oder 2 ¾-l-Sturzgläser oder 1 breites Einkochglas (Inhalt ½ l, ¾ l, 1 l).
3. In den Schnellkochtopf den gelochten Einsatz setzen, so viel Wasser hineingießen, daß es bis zum Einsatz reicht (etwa ¼ l – 250 ml), ein Küchenhandtuch in den Einsatz legen, das/die Glas/Gläser darauf stellen.
4. Den Topf schließen. Erst dann den Kochregler auf die gewünschte Stufe schieben, wenn reichlich Dampf entwichen ist (nach etwa 1 Minute). Sterilisierzeiten S. 14 beachten!
5. **Wichtig:** Topf l a n g s a m abkühlen lassen (nicht mit Wasser abdämpfen); erst öffnen, wenn das Druckventil nicht mehr sichtbar ist (nach 10–15 Minuten).
6. Einkochen in Dosen.
Die mit dem Einkochgut gefüllten, verschlossenen Dosen auf das Bodenblech oder Einsatz in den Schnellkochtopf stellen. So viel Wasser hinzugießen, daß die Dosen gerade davon berührt werden. Schnellkochtopf schließen. Sterilisierzeiten S. 14 beachten.
7. s. Punkt 5. Die Dosen mit kaltem Wasser übergießen.
8. Einkochen in Gläsern mit Twist-off-Deckeln.
s. Punkt 3–5.

Die Deckel der Gläser müssen nach dem Erkalten nach innen gewölbt sein.

Einkochgut	Sterilisier-Zeiten	Kochstufe
Zarte Beeren	2– 5 Minuten	1. Ring
Kernobst	12 Minuten	1. Ring
Steinobst	10 Minuten	1. Ring
Essiggemüse	7–10 Minuten	2. Ring
Zartes Gemüse	10 Minuten	2. Ring
Gemüse	20–25 Minuten	2. Ring
Fleisch	24 Minuten	2. Ring

Fruchtige Konfitüren und Marmeladen

mit Gelfix, Gelier-Zucker Zwei + Eins und Gelfix Zwei + Eins

zuckersparende Geliermittel

Regeln

1. Nur Obst von bester Beschaffenheit ist zum Haltbarmachen geeignet.
2. So frisch wie möglich muß das Einmachgut verarbeitet werden. Im eigenen Garten das Obst in den frühen Morgenstunden ernten, bevor die Hitze des Tages sich auswirkt, und nur so viel vorbereiten, wie am gleichen Tag verarbeitet werden kann. Nur in Ausnahmefällen Obst bis zum anderen Tag aufbewahren, dann an einem kühlen Ort trocken, aber ausgebreitet lagern.
3. Zum Kochen der Früchte eignen sich sowohl Emaille- als auch Edelstahltöpfe. Beschädigte Töpfe sollen in der Einmachküche nicht benutzt werden.
4. Alle Einmachgefäße und -geräte dürfen nur ausschließlich für ihren besonderen Zweck verwendet und vor allem nicht mit Fett in Berührung gebracht werden. Sie gründlich vor jedem Gebrauch mit heißem Wasser unter Zusatz eines handelsüblichen Spülmittels reinigen, sie in klarem Wasser nachspülen und, auf ein Tuch gestülpt, ablaufen lassen.
5. Auf größte Sauberkeit muß beim Einmachen unbedingt geachtet werden. Schon das kleinste Krümchen Brot, das in ein Einmachglas fällt, kann den Inhalt zum Gären, d.h. zum Verderben bringen.
6. Die vorgeschriebenen Mengen genau einhalten, nicht schätzen, sondern wiegen.
   Bitte nicht größere Fruchtmengen, als im Rezept angegeben, auf einmal kochen.
7. Die Kochtöpfe müssen so groß sein, daß sie höchstens 1/4 mit Frucht gefüllt sind. Bei Fruchtmengen unter 1 1/2 kg eignen sich am besten Töpfe mit einem Durchmesser von 24 cm. Beträgt die Fruchtmenge 1 1/2 kg und mehr, Töpfe mit einem Durchmesser von 28 cm verwenden.
8. Besonders vorteilhaft für Konfitüre (Marmelade) sind Gläser in der Größe von 3/8 l (375 ml).
9. Es ist zweckmäßig, auf jedes Gefäß ein Schildchen mit der Bezeichnung des Eingemachten und dem Datum der Herstellung zu kleben, damit das ältere Eingemachte stets zuerst verwendet wird.
10. Alles Eingemachte muß an einem trockenen, kühlen, der Zugluft zugänglichen Ort aufbewahrt und von Zeit zu Zeit durchgesehen werden (direkte Sonnenbestrahlung vermeiden).
11. Sollte Konfitüre (Marmelade) durch ungünstige Aufbewahrung (zu warm) zu fest geworden sein, kann man sie bei Zugabe von etwas heißem Wasser wieder geschmeidig rühren.

Konfitüre und Marmelade mit Gelfix

Regeln

1. Die abgewogene Fruchtmenge in einen Kochtopf geben. Von der abgewogenen Menge Zucker 2 Eßl. voll abnehmen, mit dem Inhalt des Beutels Gelfix mischen und mit der Fruchtmenge verrühren.
2. Das Kochgut unter ständigem Rühren bei starker Hitze (Gas: große Flamme, Strom: Stufe 3) zum Kochen bringen. Dabei darauf achten, daß etwa noch vorhandene Klümpchen Gelfix durch Zerdrücken vollständig gelöst werden.
3. Sobald alles bei starker Hitze (Gas: große Flamme, Strom: Stufe 3) bei ständigem Rühren durch und durch sprudelnd kocht, den restlichen Zucker (auf keinen Fall weniger nehmen) einrühren und das Ganze wieder zum Kochen bringen.
4. Wenn die Konfitüre (Marmelade) bei starker Hitze (Gas: große Flamme, Strom: Stufe 3) durch und durch stark kocht, sie

1 Minute (nach der Uhr!)
unter ständigem Rühren auf halbgroßer Flamme bzw. auf Stufe 0 oder 1 sprudelnd kochen lassen.
Für **Doppelkochungen** die im Rezept vorgeschriebenen Mengen beachten, wie in Punkt 1–4 beschrieben verarbeiten,
aber 2 Minuten (nach der Uhr!)
unter ständigem Rühren sprudelnd kochen lassen.
Den Topf von der Kochstelle nehmen, Konfitüre (Marmelade) evtl. abschäumen.

5. Zum Einfüllen die Gläser auf ein feuchtes Tuch stellen.

Verwendung von Gläsern mit Twist-off-Deckeln

Konfitüre (Marmelade) sofort **kochendheiß** randvoll in die vorbereiteten Gläser füllen, **sofort** verschließen, umdrehen, etwa 5 Minuten auf dem Deckel stehenlassen
oder
damit die Früchte gleichmäßig im Glas verteilt sind, ist es ratsam, die Konfitüre (Marmelade) im Kochtopf noch 5 Minuten weiterzurühren.
Sie dann in die vorbereiteten Gläser füllen, **sofort** verschließen, umdrehen, etwa 5 Minuten auf dem Deckel stehenlassen.

Verwendung von Zubindegläsern

Methode A
Konfitüre (Marmelade) sofort **kochendheiß** randvoll in die vorbereiteten Gläser füllen, **sofort** mit Sichtfolie verschließen. Dazu Sichtfolie in passende Stücke schneiden, straff über die Öffnung ziehen, mit einem Gummibändchen befestigen
oder
damit die Früchte gleichmäßig im Glas verteilt sind, ist es ratsam, die Konfitüre (Marmelade) im Kochtopf noch 5 Minuten weiterzurühren.
Sie dann in die vorbereiteten Gläser füllen, **sofort** mit Sichtfolie verschließen (dafür die Gläser randvoll einfüllen).

Methode B
Konfitüre (Marmelade) in die vorbereiteten Gläser füllen, erkalten lassen und dann verschließen.
Dafür zum Bedecken aus Pergamentpapier runde Blättchen in der Größe der Oberfläche des Eingemachten schneiden (auf keinen Fall kleiner, denn die Oberfläche muß vollkommen bedeckt sein).
Die Blättchen durch Kornbranntwein, Rum oder Essig ziehen, auf das Eingemachte legen und gut andrücken, um die Oberfläche vor Schimmel zu bewahren.
Die feuchten Blättchen gleichmäßig mit etwas Einmach-Hilfe bestreuen.
Zum Zubinden Sichtfolie in passende Stücke schneiden, straff über die Öffnung ziehen, mit einem Gummibändchen befestigen.

Konfitüre (Marmelade) mit Gelier-Zucker Zwei + Eins

zuckersparendes Geliermittel

Für die Zubereitung von Konfitüren (Marmeladen) mit Gelier-Zucker Zwei + Eins gibt es zwei Methoden (s. nachfolgende Regeln).
Die erste, schnellere Zubereitungsart (Kochzeit 1 Minute) setzt voraus, daß die Früchte sehr fein geschnitten oder musig zerkleinert werden, damit die verwendete Frucht während der kurzen Kochzeit gart.
Für die zweite Methode (Kochzeit 3 Minuten) brauchen die Früchte nur grob zerkleinert zu werden und kleinere Früchte können im Ganzen verwendet werden.

Regeln

1. Die gesäuberten Früchte nach Belieben sehr fein schneiden oder musig zerkleinern, wiegen (1 kg).
2. Die Fruchtmasse in einen Kochtopf geben, mit dem Inhalt der Packung Gelier-Zucker Zwei + Eins gut verrühren, unter ständigem Rühren bei starker Hitze zum Kochen bringen und dann **1 Minute (nach der Uhr!)** sprudelnd kochen lassen
   oder
   die gesäuberten Früchte in Stücke schneiden (Beerenfrüchte – je nach Größe – ganz lassen).
   Die Fruchtmasse in einen Kochtopf geben, mit dem Inhalt der Packung Gelier-Zucker Zwei + Eins gut verrühren und zugedeckt etwa 24 Stunden an einem kühlen Ort stehenlassen.
   Die Masse dann nochmals gut verrühren, unter ständigem Rühren bei starker Hitze zum Kochen bringen und dann **3 Minuten (nach der Uhr!)** sprudelnd kochen lassen.
3. Zum Einfüllen die Gläser auf ein feuchtes Tuch stellen.

Das Verschließen der Gläser

Konfitüre (Marmelade) nach dem Kochen evtl. abschäumen und sofort randvoll in die vorbereiteten Gläser füllen.
Gläser mit Twist-off-Deckeln sofort verschließen, umdrehen und etwa 5 Minuten auf dem Deckel stehenlassen.

Konfitüre mit Gelfix Zwei + Eins

zuckersparendes Geliermittel

Regeln

1. Die gesäuberten Früchte nach Belieben stückig oder musig zerkleinern, wiegen (1 kg) und in einen Kochtopf geben.
2. Von der abgewogenen Menge Zucker (1/2 kg) 2 Eßl. voll abnehmen, mit dem Inhalt des Beutels Gelfix Zwei + Eins mischen und mit der Fruchtmenge verrühren.
3. Das Kochgut unter ständigem Rühren bei mittlerer Hitze (Strom: Stufe 2–2 1/2, Automatikplatte 8–9; Gas: mittelgroße Flamme) zum Kochen bringen. Wenn es kocht, den restlichen Zucker hinzufügen und das Ganze unter Rühren wieder zum Kochen bringen.
4. Die Konfitüre **1 Minute (nach der Uhr!)** unter ständigem Rühren kochen lassen, von der Kochstelle nehmen.
   Damit die Früchte gleichmäßig im Glas verteilt sind, evtl. die Konfitüre im Kochtopf noch einige Male umrühren. Sie dann **sofort** in die vorbereiteten Gläser füllen.
5. Zum Einfüllen die Gläser auf ein feuchtes Tuch stellen.

Verwendung von Gläsern mit Twist-off-Deckeln

Konfitüre sofort nach der Zubereitung (Punkt 4) randvoll in die vorbereiteten Gläser füllen, **sofort** verschließen, umdrehen, etwa 5 Minuten auf dem Deckel stehenlassen.

Verwendung von Zubindegläsern

Konfitüre sofort nach der Zubereitung (Punkt 4) randvoll in die vorbereiteten Gläser füllen, **sofort** mit Sichtfolie verschließen.
Dazu Sichtfolie in passende Stücke schneiden, straff über die Öffnung ziehen, mit einem Gummibändchen befestigen.

Feine köstliche Gelees

Gelee mit Gelfix und Gelfix Zwei + Eins und Gelier-Zucker Zwei + Eins

zuckersparendes Geliermittel

Wichtige allgemeine Regeln

1. Nur Obst von bester Beschaffenheit ist zum Haltbarmachen geeignet.
2. So frisch wie möglich muß das Einmachgut verarbeitet werden. Im eigenen Garten Obst in den frühen Morgenstunden ernten, bevor die Hitze des Tages sich auswirkt, und nur so viel vorbereiten, wie am gleichen Tag verarbeitet werden kann. Nur in Ausnahmefällen Obst bis zum anderen Tag aufbewahren, dann an einem kühlen Ort trocken, aber ausgebreitet lagern.
3. Zum Kochen der Früchte eignen sich sowohl Emaille- als auch Edelstahltöpfe. Beschädigte Töpfe sollen in der Einmachküche nicht benutzt werden.
4. Alle Einmachgefäße und -geräte dürfen nur ausschließlich für ihren besonderen Zweck verwendet und vor allem nicht mit Fett in Berührung gebracht werden. Sie gründlich vor jedem Gebrauch in heißem Wasser unter Zusatz eines handelsüblichen Spülmittels reinigen, sie in klarem Wasser nachspülen und, auf ein Tuch gestülpt, ablaufen lassen.
5. Auf größte Sauberkeit muß beim Einmachen unbedingt geachtet werden. Schon das kleinste Krümchen Brot, das in ein Einmachgefäß fällt, kann den Inhalt zum Gären, d.h. Verderben bringen.
6. Die vorgeschriebenen Mengen genau einhalten, nicht schätzen, sondern wiegen oder messen.
   Bitte nicht größere Saftmengen, als im Rezept angegeben, auf einmal kochen.
7. Die Kochtöpfe müssen so groß sein, daß sie höchstens zu 1/4 mit Fruchtsaft gefüllt sind. Bei Saftmengen unter 1 1/2 l eignen sich am besten Töpfe mit einem

Durchmesser von 24 cm. Beträgt die Saftmenge 1½ l und mehr, Töpfe mit einem Durchmesser von 28 cm verwenden.

8. Besonders vorteilhaft für Gelee sind Gläser in der Größe von ⅜ Liter.
9. Es der zweckmäßig, auf jedes Gefäß ein Schildchen mit der Bezeichnung des Eingemachten und dem Datum der Herstellung zu kleben, damit das ältere Eingemachte stets zuerst verwendet wird.
10. Alles Eingemachte muß an einem trockenen, kühlen, der Zugluft zugänglichen Ort aufbewahrt und von Zeit zu Zeit durchgesehen werden (direkte Sonnenbestrahlung vermeiden).
11. Sollte Gelee durch ungünstige Aufbewahrung (zu warm) zu fest geworden sein, kann man es durch Zugabe von etwas heißem Wasser wieder geschmeidig rühren.

Gelee mit Gelfix

Regeln

1. Den abgemessenen Fruchtsaft (gegebenenfalls mit Wasser ergänzen) in einen Kochtopf geben. Von der abgewogenen Menge Zucker 2 Eßl. voll abnehmen, mit dem Inhalt des Beutels Gelfix mischen und mit dem Fruchtsaft verrühren.
2. Die Flüssigkeit unter ständigem Rühren bei starker Hitze (Gas: große Flamme, Strom: Stufe 3) zum Kochen bringen. Dabei darauf achten, daß etwa noch vorhandene Klümpchen Gelfix durch Zerdrücken vollständig gelöst werden.
3. Sobald alles bei starker Hitze (Gas: große Flamme, Strom: Stufe 3) bei ständigem Rühren durch und durch sprudelnd kocht, den restlichen Zucker (auf keinen Fall weniger nehmen) einrühren und das Ganze wieder zum Kochen bringen.
4. Wenn das Gelee bei starker Hitze (Gas: große Flamme, Strom: Stufe 3) durch und durch stark kocht, es
   ½ Minute (nach der Uhr!)
   unter ständigem Rühren auf halbgroßer Flamme bzw. auf Stufe 0 oder 1 sprudelnd kochen lassen.
   Für Doppelkochungen die im Rezept vorgeschriebenen Mengen beachten, wie in Punkt 1–4 beschrieben verarbeiten,
   aber 1 Minute (nach der Uhr!)
   unter ständigem Rühren sprudelnd kochen lassen. Den Topf von der Kochstelle nehmen, Gelee evtl. abschäumen.
5. Zum Einfüllen die Gläser auf ein feuchtes Tuch stellen.

Verwendung von Gläsern mit Twist-off-Deckeln

Gelee sofort **kochendheiß** randvoll in die vorbereiteten Gläser füllen, **sofort** verschließen, umdrehen, etwa 5 Minuten auf dem Deckel stehenlassen.

Verwendung von Zubindegläsern

Methode A
Gelee sofort **kochendheiß** randvoll in die vorbereiteten Gläser füllen, **sofort** mit Sichtfolie verschließen. Sichtfolie in passende Stücke schneiden, straff über die Öffnung ziehen, mit Gummibändchen befestigen.

Methode B
Gelee in die vorbereiteten Gläser füllen, erkalten lassen und dann verschließen.
Dafür zum Bedecken aus Pergamentpapier runde Blättchen in der Größe der Oberfläche des Eingemachten schneiden (auf keinen Fall kleiner, denn die Oberfläche muß vollkommen bedeckt sein).
Die Blättchen durch Kornbranntwein, Rum oder Essig ziehen, auf das Eingemachte legen und gut andrücken, um die Oberfläche vor Schimmel zu bewahren.
Die feuchten Blättchen mit Einmach-Hilfe bestreuen.
Zum Zubinden Sichtfolie in passende Stücke schneiden, straff über die Öffnung ziehen, mit einem Gummibändchen befestigen.

Gelee mit Gelfix Zwei + Eins

zuckersparendes Geliermittel

Regeln

1. Aus gesäuberten Früchten Saft gewinnen, abmessen (750 ml = ¾ l) und in einen Kochtopf geben.

2. Von der abgewogenen Menge Zucker (400 g) 2 Eßl. voll abnehmen, mit dem Inhalt des Beutels Gelfix Zwei + Eins mischen und mit dem Fruchtsaft verrühren
3. Das Kochgut unter ständigem Rühren bei mittlerer Hitze (Strom: 2–2½, Automatikplatte 8–9; Gas: mittelgroße Flamme) zum Kochen bringen. Wenn es kocht, den restlichen Zucker hinzufügen und das Ganze unter Rühren wieder zum Kochen bringen.
4. Das Gelee **1 Minute (nach der Uhr!)** unter ständigem Rühren kochen lassen, von der Kochstelle nehmen und das Gelee **sofort** in vorbereitete Gläser füllen.
5. Zum Einfüllen die Gläser auf ein feuchtes Tuch stellen.

Verwendung von Gläsern mit Twist-off-Deckeln

Gelee sofort **kochendheiß** randvoll in die vorbereiteten Gläser füllen, **sofort** verschließen, umdrehen, etwa 5 Minuten auf dem Deckel stehenlassen.

Verwendung von Zubindegläsern

Gelee sofort **kochendheiß** randvoll in die vorbereiteten Gläser füllen, **sofort** mit Sichtfolie verschließen. Dazu Sichtfolie in passende Stücke schneiden, straff über die Öffnung ziehen, mit einem Gummibändchen befestigen.

Gelee mit Gelier-Zucker Zwei + Eins

zuckersparendes Geliermittel

Regeln

1. Aus gesäuberten Früchten Saft gewinnen, abmessen (1000 ml = 1 l).
2. Den Fruchtsaft in einen Kochtopf geben, mit dem Inhalt der Packung Gelier-Zucker Zwei + Eins gut verrühren, unter ständigem Rühren bei starker Hitze zum Kochen bringen und dann
 1 Minute (nach der Uhr!)
 sprudelnd kochen lassen.
3. Zum Einfüllen die Gläser auf ein feuchtes Tuch stellen.

Das Verschließen der Gläser

Gelee nach dem Kochen evtl. abschäumen und **sofort** randvoll in die vorbereiteten Gläser füllen.
Gläser mit Twist-off-Deckeln **sofort** verschließen, umdrehen und etwa 5 Minuten auf dem Deckel stehenlassen.

Erfrischende Säfte, süß und pikant

Roher Saft

Regeln

1. Nur Obst von bester Beschaffenheit ist zum Haltbarmachen geeignet.
2. So frisch wie möglich muß das Einmachgut verarbeitet werden. Im eigenen Garten in den frühen Morgenstunden ernten, bevor die Hitze des Tages sich auswirkt, und nur so viel vorbereiten, wie am gleichen Tag verarbeitet werden kann. Nur in Ausnahmefällen Obst bis zum anderen Tag aufbewahren und dann an einem kühlen Ort trocken aber ausgebreitet lagern.
3. Alle Einmachgefäße und -geräte dürfen nur ausschließlich für ihren besonderen Zweck verwendet und vor allem nicht mit Fett in Berührung gebracht werden. Sie gründlich vor jedem Gebrauch in heißem Wasser unter Zusatz eines handelsüblichen Spülmittels reinigen, sie in klarem Wasser nachspülen und, auf ein Tuch gestülpt, ablaufen lassen.
4. Auf größte Sauberkeit muß beim Einmachen unbedingt geachtet werden, schon das kleinste Krümchen Brot, das in ein Einmachgefäß fällt, kann den Inhalt zum Gären, d.h. zum Verderben bringen.
5. Die gewogenen Früchte verlesen, waschen (Himbeeren nicht), gut abtropfen lassen und von den Stielen befreien (Johannisbeertrauben nur dann entstielen, wenn die Rückstände weiterverarbeitet werden sollen).
6. Sie dann in eine Schüssel geben und zerdrücken, am besten mit einem Stampfer (Sauerkirschen evtl. durch den Fleischwolf geben).
7. Die Zitronensäure in der vorgeschriebenen Menge Wasser lösen, über die Früchte gießen.
8. Den Fruchtbrei 24 Stunden an einem kühlen Ort zugedeckt stehenlassen und ihn während dieser Zeit häufig umrühren. Der Fruchtbrei darf nicht zu warm stehen, da dann eine Gärung eintritt.
9. Danach den Fruchtbrei auf ein gespanntes Safttuch (die 4 Zipfel des Tuches an die Beine eines umgekehrten Stuhles binden, eine Schüssel zum Auffangen darunter stellen) geben und den Saft gut ablaufen lassen.

10. Den gewonnenen Saft messen und mit dem Zucker verrühren.
11. Die im Rezept angegebene Menge Einmach-Hilfe mit 1 Teel. Zucker vermischen, mit 1 Eßl. Saft anrühren und zu dem übrigen Saft geben.
12. Wenn der Zucker vollständig gelöst ist, den Saft in vorbereitete Flaschen (evtl. Schraubverschlußflaschen) füllen und sie mit ausgekochten Gummikappen verschließen.
13. Es ist zweckmäßig, auf jede Flasche ein Schildchen mit der Bezeichnung des Eingemachten und dem Datum der Herstellung zu kleben, damit das ältere Eingemachte stets zuerst verwendet wird.
14. Alles Eingemachte muß an einem trockenen, kühlen, der Zugluft zugänglichen Ort aufbewahrt und von Zeit zu Zeit durchgesehen werden (direkte Sonnenbestrahlung vermeiden).

Gekochter (gedämpfter) Saft

Regeln

1. Nur Obst von bester Beschaffenheit ist zum Haltbarmachen geeignet.
2. So frisch wie möglich muß das Einmachgut verarbeitet werden. Im eigenen Garten in den frühen Morgenstunden ernten, bevor die Hitze des Tages sich auswirkt, und nur so viel vorbereiten, wie am gleichen Tag verarbeitet werden kann. Nur in Ausnahmefällen Obst bis zum anderen Tag aufbewahren und dann an einem kühlen Ort trocken, aber ausgebreitet lagern.
3. Zum Kochen der Früchte eignen sich sowohl Emaille- als auch Edelstahltöpfe. Beschädigte Töpfe sollen in der Einmachküche nicht benutzt werden.
4. Alle Einmachgefäße und -geräte dürfen nur ausschließlich für ihren besonderen Zweck verwendet und vor allem nicht mit Fett in Berührung gebracht werden. Sie gründlich vor jedem Gebrauch in heißem Wasser unter Zusatz eines handelsüblichen Spülmittels reinigen, sie in klarem Wasser nachspülen und, auf ein Tuch gestülpt, ablaufen lassen.
5. Auf größte Sauberkeit muß beim Einmachen unbedingt geachtet werden, schon das kleinste Krümchen Brot, das in ein Einmachgefäß fällt, kann den Inhalt zum Gären, d.h. zum Verderben bringen.
6. Die gewogenen Früchte verlesen, waschen (Himbeeren nicht), gut abtropfen lassen und von Stielen befreien (Johannisbeertrauben, Holunderbeerdolden nur dann entstielen, wenn die Rückstände weiterverarbeitet werden sollen).
7. **Für gekochte Säfte** das Obst in einen Kochtopf geben, zerdrücken und mit der vorgeschriebenen Menge Wasser bei starker Hitze bis zum Kochen bringen.
8. Den Fruchtbrei auf ein gespanntes Safttuch (die 4 Zipfel des Tuches an die Beine eines umgekehrten Stuhles binden, eine Schüssel zum Auffangen darunter stellen) geben und den Saft gut ablaufen lassen.

9. Den gewonnenen Saft messen und mit dem Zucker verrühren.
10. Den Saft mit dem Zucker bei starker Hitze einmal aufkochen lassen und danach abschäumen.
11. Die im Rezept angegebene Menge Einmach-Hilfe in den fertigen, aber nicht mehr kochenden Saft rühren.
12. **Für gedämpfte Säfte** das vorbereitete Obst schichtweise mit der entsprechenden Zuckermenge (aber ohne Wasserzugabe) in einen Dampfentsafter füllen **(Zuckermenge und Entsaftungszeit s. Gebrauchsanleitung für Dampfentsafter).**
    15 Minuten vor Beendigung der Entsaftungszeit 1 Flasche Saft abfüllen und nochmals über das Obst im Dampfentsafter gießen.
13. Damit die Flaschen beim Einfüllen von heißem Saft nicht zerplatzen, sie am besten auf ein feuchtes Tuch stellen.
14. Den **gekochten heißen Saft** in vorbereitete Flaschen (evtl. Schraubverschlußflaschen) füllen und sie **nach dem Erkalten** mit ausgekochten Gummikappen verschließen.
    Die Flaschen mit **gedämpftem Saft** nach dem Einfüllen **sofort** verschließen.

15. Es ist zweckmäßig, auf jede Flasche ein Schildchen mit der Bezeichnung des Eingemachten und dem Datum der Herstellung zu kleben, damit das ältere Eingemachte stets zuerst verwendet wird.
16. Alles Eingemachte muß an einem trockenen, kühlen, der Zugluft zugänglichen Ort aufbewahrt und von Zeit zu Zeit durchgesehen werden (direkte Sonnenbestrahlung vermeiden).

Herzhaft Eingelegtes und Eingesalzenes

Eingelegtes

Früchte und Gemüse lassen sich auf einfache Weise durch Einsäuern haltbar machen, denn Säure hindert nicht nur die Bakterien am Wachstum, sie zerstört sie sogar. Allerdings muß der Essig so stark sein, daß er nicht selbst von Schimmelpilzen angegriffen werden kann. Auf keinen Fall darf man also die in den Rezepten vorgeschriebene Essigmenge willkürlich herabsetzen.
Wird dem Essig noch Zucker zugesetzt, so hat man die sogenannte „Gemischte Konservierung", die sich vorzüglich bei Obst, aber auch bei Gurken und Kürbis anwenden läßt.

Regeln

1. Nur Obst und Gemüse von bester Beschaffenheit sind zum Haltbarmachen geeignet.
2. So frisch wie möglich muß das Einmachgut verarbeitet werden. Im eigenen Garten in den frühen Morgenstunden ernten, bevor die Hitze des Tages sich auswirkt, und nur so viel vorbereiten, wie am gleichen Tag verarbeitet werden kann. Nur in Ausnahmefällen kann Gemüse oder Obst bis zum anderen Tag aufbewahrt werden und muß dann an einem kühlen Ort trocken, aber ausgebreitet lagern.
3. Zum Kochen der Früchte eignen sich sowohl Emaille- als auch Edelstahltöpfe. Beschädigte Töpfe sollen in der Einmachküche nicht benutzt werden.
4. Alle Einmachgefäße und -geräte dürfen nur ausschließlich für ihren besonderen Zweck verwendet und vor allem nicht mit Fett in Berührung gebracht werden. Sie gründlich vor jedem Gebrauch in heißem Wasser unter Zusatz eines handelsüblichen Spülmittels reinigen, sie in klarem Wasser nachspülen und, auf ein Tuch gestülpt, ablaufen lassen.
5. Auf größte Sauberkeit muß beim Einmachen unbedingt geachtet werden, schon das kleinste Krümchen Brot, das in ein Einmachgefäß fällt, kann den Inhalt zum Gären, d.h. zum Verderben bringen.
6. Essig und Zucker bei starker Hitze zum Kochen bringen.
7. Um die Früchte gleichmäßig gar kochen zu können, nur so viele in den Topf geben, wie nebeneinander Platz haben.
8. Den Saft evtl. dick einkochen lassen und erst dann über das Gemüse (Früchte) gießen.
9. Damit die Gläser beim Einfüllen von heißem Einmachgut nicht springen, sie am besten auf ein feuchtes Tuch stellen.
10. Alles in Essig Eingelegte mit Sichtfolie zubinden.
11. Zum Zubinden Sichtfolie in passende Stücke schneiden, straff über die Öffnung ziehen und mit einem Gummibändchen befestigen.
12. Es ist zweckmäßig, auf jedes Gefäß ein Schildchen mit der Bezeichnung des Eingemachten und dem Datum der Herstellung zu kleben, damit das ältere Eingemachte stets zuerst verwendet wird.
13. Alles Eingemachte muß an einem trockenen, kühlen, der Zugluft zugänglichen Ort aufbewahrt und von Zeit zu Zeit durchgesehen werden (direkte Sonnenbestrahlung vermeiden).

Eingesalzenes

Auch durch Einsalzen können verschiedene Gemüsesorten haltbar gemacht werden.

Regeln

1. Nur Gemüse von bester Beschaffenheit ist zum Haltbarmachen geeignet.
2. So frisch wie möglich muß das Einmachgut verarbeitet werden. Im eigenen Garten in den frühen Morgenstunden ernten, bevor die Hitze des Tages sich auswirkt, und nur so viel vorbereiten, wie am gleichen Tag verarbeitet werden kann. Nur in Ausnahmefällen kann Gemüse bis zum anderen Tag aufbewahrt werden und muß dann an einem kühlen Ort trocken, aber ausgebreitet lagern.
3. Alle Einmachgefäße und -geräte dürfen nur ausschließlich für ihren besonderen Zweck verwendet und vor allem nicht mit Fett in Berührung gebracht werden. Sie gründlich vor jedem Gebrauch in heißem Wasser unter Zusatz eines handelsüblichen Spülmittels reinigen, sie in klarem Wasser nachspülen und, auf ein Tuch gestülpt, ablaufen lassen.
4. Auf größte Sauberkeit muß beim Einmachen unbedingt geachtet werden, schon das kleinste Krümchen Brot, das in ein Eimachgefäß fällt, kann den Inhalt zum Gären, d.h. zum Verderben bringen.
5. Es ist zweckmäßig, auf jedes Gefäß ein Schildchen mit der Bezeichnung des Eingemachten und dem Datum der Herstellung zu kleben, damit das ältere Eingemachte stets zuerst verwendet wird.
6. Alles Eingemachte muß an einem trokkenen, kühlen, der Zugluft zugänglichen Ort aufbewahrt und von Zeit zu Zeit durchgesehen werden (direkte Sonnenbestrahlung vermeiden).
7. Weißkohl und Bohnen mit der Hand oder mit einem Stampfer so fest eindrücken, daß der Saft übersteht.
8. Über das Gemüse ein sauberes, in klarem Wasser ausgekochtes Leinentuch legen.
9. Zum Beschweren ein Brett, möglichst im Durchmesser des Topfes, und einen Stein verwenden.
10. Alle 10–14 Tage Tuch, Brett und Stein sauber spülen.
11. Sollte das Gemüse im Laufe des Winters zu wenig Lake haben, erkaltete Salzlösung (1 Liter Wasser und 10 g Salz) nachgießen.
12. Das Eingemachte sollte möglichst mit einem Holzlöffel oder einer Holzgabel herausgenommen werden.

Chutneys, Ketchups und Relishes – die raffinierten Beilagen

Chutneys sind besonders pikante Soßen, die zu gebratenem, gekochtem und kaltem Fleisch, zu Fondues und zu exotischen Gerichten gereicht werden. Das Herkunftsland ist Indien, wo sie, wie in Deutschland die Soßen – zu jeder Mahlzeit frisch zubereitet serviert werden.

Ketchup kommt aus Amerika und ist in Deutschland seit langem bekannt und beliebt. Ketchup wird als Beilage zu Pommes frites, Reis, Nudelgerichten, aber auch als würzende Zutat für Salate, Aufläufe und Soßen verwendet.
Hergestellt wird Ketchup aus Tomaten und Gewürzen, aber auch in Verbindung mit anderen Gemüsezutaten, wie z.B. Zwiebeln und Paprikaschoten.

Relish ist weniger eine Soße, vielmehr eine etwas breiartige Beilage zu gegrilltem Fisch, Fondues, gedünstetem Fisch und zu pikanten Aufläufen. Relishes bestehen aus zerkleinerten, gekochten oder gedünsteten Früchten und/oder vielen Gewürzen.

Traditionell Eingekochtes mit Pfiff

Ingwer-Möhren

(Abb. S. 22/23)

3½–4 kg kleine Möhren (für 4 Gläser von je 1 l Inhalt)	putzen, schrappen, waschen, die Möhren in die vorbereiteten Einkochgläser (S. 12 Punkt 5–7) füllen *für die Essig-Zucker-Lösung*
1 kg Zucker	mit
40 g Salz 4 kleinen Stücken geschälter Ingwerwurzel 1 Eßl. grünen Pfefferkörnern Zitronenscheiben von 2 Zitronen (unbehandelt) 1½ l Wasser	zum Kochen bringen, kurz aufkochen lassen (Zucker muß sich vollständig lösen), abschäumen
375 ml (⅜ l) Wein-Essig	hinzufügen, abkühlen lassen, über die Möhren gießen im übrigen die allgemeinen Einkochregeln S. 12 ab Punkt 8 beachten
Einkochzeit:	1 Stunde bei 98° C.
Veränderung:	Größere Möhren in Stifte, Würfel oder mit einem Buntschneidemesser in Scheiben schneiden.

Apfelstückchen

(für Tortenfüllungen)

Etwa 4 kg Äpfel (für 4 Gläser von je 1 l Inhalt)	waschen, schälen, von Blüte, Stiel und Kerngehäuse befreien, in kleine Stücke schneiden, mit
Wasser (auf je 1–1½ kg Äpfel 1 Eßl. Wasser) Zucker (auf je 1–1½ kg Äpfel 50–75 g Zucker) 1 Päckchen Vanillin-Zucker	unter Rühren leicht dünsten lassen die Apfelstückchen in die vorbereiteten Einkochgläser (S. 12 Punkt 5–7) füllen im übrigen die allgemeinen Einkochregeln S. 12 ab Punkt 8 beachten
Einkochzeit:	25–30 Minuten bei 90° C.
Tip:	Die Apfelstückchen für Torten- und Kuchen-Füllungen nicht zu weich dünsten lassen, damit sie als Füllung oder Belag ihr optimales Aussehen behalten.

Pflaumen-Kompott

3 kg Pflaumen oder Zwetschen	waschen, einzeln mit einem Tuch abreiben oder gut abtropfen lassen, halbieren, entsteinen, die Früchte mit der Rundung nach oben in die vorbereiteten Einkochgläser (S. 12 Punkt 5–7) füllen
1 kleines Stück Ingwerwurzel	schälen, in Scheiben schneiden
2 Stangen Zimt	in kleine Stücke brechen
etwas gelbe Zitronenschale (unbehandelt)	in feine Streifen schneiden die drei Zutaten zu den Pflaumen geben *für die Zucker-Lösung*
400 g Zucker	mit
750 ml (¾ l) Wasser	und dem
Saft von 1 Zitrone	zum Kochen bringen, kurz aufkochen lassen (Zucker muß sich vollständig lösen), abkühlen lassen, mit
1 Teel. Zitronensäure 4–5 Eßl. Rum	verrühren, über die Früchte geben im übrigen die allgemeinen Einkochregeln S. 12 ab Punkt 8 beachten
Einkochzeit:	25–30 Minuten bei 80–90° C.
Veränderung:	Für süß-saure Pflaumen (als Beilage zu Wild) 250 ml (¼ l) Wasser durch Wein-Essig ersetzen, ohne Ingwerwurzel und Zimtstangen zubereiten.

Pflaumen

Etwa 4 kg Pflaumen (für 4 Gläser von je 1 l Inhalt)	waschen, einzeln mit einem Tuch abreiben oder gut abtropfen lassen, halbieren, entsteinen, die Früchte mit der Rundung nach oben in die vorbereiteten Einkochgläser (S. 12 Punkt 5–7) füllen *für die Zuckerlösung*
300–400 g Zucker	mit
1 l Wasser	zum Kochen bringen, kurz aufkochen lassen (Zucker muß sich vollständig lösen), abkühlen lassen, über die Pflaumen gießen im übrigen die allgemeinen Einkochregeln S. 12 ab Punkt 8 beachten
Einkochzeit:	30 Minuten bei 75° C.
Veränderung:	Anstelle von Zucker Flüssigsüße verwenden. Vanillemark aus 1 Vanilleschote, Zimtstange, Gewürznelken, Zitronenschale (unbehandelt) mitkochen.

Würziges Winter-Kompott

1 kg feste, saure Äpfel waschen, schälen, halbieren, entkernen, in Stücke schneiden

750 ml (3/4 l) Wasser mit dem

Saft von 1 Zitrone

1 Eßl. Essig zum Kochen bringen, die Apfelstücke portionsweise hineingeben, zum Kochen bringen, etwa 1 Minute kochen lassen, auf ein Sieb geben, die Kochflüssigkeit auffangen, die Äpfel mit kaltem Wasser übergießen, abtropfen lassen

3–4 Orangen so schälen, daß keine Haut mehr vorhanden ist, die Orangenfilets herausschneiden, mit den Apfelstückchen,

250 g getrockneten Aprikosen vermengen

für die Zucker-Lösung

400 g Zucker mit der zurückgelassenen Kochflüssigkeit,

1 Stange Zimt

2 Teel. Gewürznelken zum Kochen bringen, kurz aufkochen lassen (Zucker muß sich vollständig lösen), abkühlen lassen, über die Früchte geben, zugedeckt 12–24 Stunden durchziehen lassen

die Früchte in die vorbereiteten Einkochgläser (S. 12 Punkt 5–7) füllen

die Zucker-Lösung mit

100 ml Orangen-Likör verrühren, über die Früchte gießen

im übrigen die allgemeinen Einkochregeln S. 12 ab Punkt 8 beachten

Einkochzeit: 30 Minuten bei 90° C.

Renekloden

Etwa 3 kg reife, aber feste Renekloden (für 4 Gläser von je 1 l Inhalt) waschen, gut abtropfen lassen, entstielen, in die vorbereiteten Einkochgläser (S. 12 Punkt 5–7) füllen

für die Zuckerlösung

400–500 g Zucker mit

1 l Wasser zum Kochen bringen, kurz aufkochen lassen (Zucker muß sich vollständig lösen), abkühlen lassen, über die Renekloden gießen

im übrigen die allgemeinen Einkochregeln S. 12 ab Punkt 8 beachten

Einkochzeit: 30–40 Minuten bei 90° C.

Zwetschen, süß-sauer

Etwa 3 kg Zwetschen (für 4 Gläser von je 1 l Inhalt) waschen, einzeln mit einem Tuch abreiben oder gut abtropfen lassen, in die vorbereiteten Einkochgläser (S. 12 Punkt 5–7) füllen
für die Essig-Zucker-Lösung

150 g Zucker mit
500 ml (1/2 l) Wasser
2 Gewürznelken
1 Stange Zimt
1 Stück Ingwerwurzel
gelber Zitronenschale (unbehandelt) zum Kochen bringen, kurz aufkochen lassen (Zucker muß sich vollständig lösen), abschäumen

250 ml (1/4 l) Weinessig hinzufügen, abkühlen lassen
die Gewürze herausnehmen
die Essig-Zucker-Lösung über die Zwetschen gießen
im übrigen die allgemeinen Einkochregeln S. 12 ab Punkt 8 beachten

Einkochzeit: 30 Minuten bei 75° C.

Pikante Melonen

Etwa 3 kg Honigmelonen (für 4 Gläser von je 1 l Inhalt) schälen, halbieren, entkernen, das Fruchtfleisch in Würfel schneiden, fest in die vorbereiteten Einkochgläser (S. 12 Punkt 5–7) füllen
für die Essig-Zucker-Lösung

250 ml (1/4 l) Obstessig mit
750 ml (3/4 l) Wasser zum Kochen bringen

250 g Ingwerwurzel schälen, in feine Würfel schneiden, mit dem
Saft von 1 Zitrone und etwa der Hälfte der
Zitronenschale (unbehandelt) und
8 Gewürznelken
2 Eßl. gelben Senfkörnern
2 Stangen Zimt (in kleine Stücke gebrochen)
500 g Zucker zu dem Essig-Wasser geben, zum Kochen bringen, kurz aufkochen lassen (Zucker muß sich vollständig lösen)
die Zitronenschale aus dem abgekühlten Sud herausnehmen, die Flüssigkeit über die Melonen gießen
im übrigen die allgemeinen Einkochregeln S. 12 ab Punkt 8 beachten

Einkochzeit: 30 Minuten bei 90° C.

Feines Kirsch-Kompott

Etwa 3 kg Sauerkirschen (für 4 Gläser von je 1 l Inhalt) waschen, abtropfen lassen, entstielen

1 Orange (unbehandelt) heiß abwaschen, abtrocknen, dünn schälen

1 kleines Stück Ingwerwurzel schälen, reiben (etwa 1 Eßl.)
1 Stange Zimt in vier Stücke brechen
die vier Zutaten in die vorbereiteten Einkochgläser (S. 12 Punkt 5–7) füllen
für die Zucker-Lösung

Saft von 1 Orange mit
Wasser auf 1 l Flüssigkeit auffüllen
600 g Zucker hinzufügen, zum Kochen bringen, kurz aufkochen (Zucker muß sich völlig lösen), erkalten lassen

1 Teel. Zitronensäure unterrühren, über die Kirschen gießen
im übrigen die allgemeinen Einkochregeln S. 12 ab Punkt 8 beachten

Einkochzeit: 25–30 Minuten bei 80–90° C.

Apfelmus

4–5 kg Äpfel (für 4 Gläser von je 1 l Inhalt) waschen, von schlechten Stellen befreien, in kleine Stücke schneiden, mit

Wasser (auf je 1 kg Äpfel etwa 6 Eßl. Wasser) im geschlossenen Topf zum Kochen bringen, weich kochen lassen, durch ein Sieb streichen, mit

Zucker (auf je 1 kg Äpfel 75–100 g Zucker) abschmecken
das Apfelmus in die vorbereiteten Einkochgläser (S. 12 Punkt 5–7) füllen
im übrigen die allgemeinen Einkochregeln S. 12 ab Punkt 8 beachten

Einkochzeit: 30 Minuten bei 90° C.

Sauerkirschen im eigenen Saft

Etwa 4 kg Sauerkirschen (für 4 Gläser von je 1 l Inhalt) waschen, gut abtropfen lassen, entstielen, entsteinen, mit

Zucker (auf je 1 kg Sauerkirschen 200–250 g Zucker) in einem entsprechend großen Kochtopf mischen, etwas erwärmen (Zucker muß sich vollständig lösen)
Kirschen und Saft in die vorbereiteten Einkochgläser (S. 12 Punkt 5–7) füllen
im übrigen die allgemeinen Einkochregeln S. 12 ab Punkt 8 beachten

Einkochzeit: 30 Minuten bei 80° C.

Anmerkung: Sauerkirschen oder Morellen, Steinfrucht.
Von den zahlreichen Sorten sind die wichtigsten die dunklen, weichfleischigen Weichselkirschen mit ihrem färbendem Saft und die hellen Amarellen.

Birnen-Kompott

2 kg würzige Birnen (für 4 Gläser von je 1 l Inhalt) waschen, schälen, halbieren, von Blüte, Stiel und Kerngehäuse befreien, in Spalten schneiden, in die vorbereiteten Einkochgläser (S. 12 Punkt 5–7) legen

1–2 Stangen Zimt in kleine Stücke brechen, mit

etwa 8 Muskatblüten (Macis)

etwa 8 Gewürznelken zu den Birnenspalten geben

für die Zucker-Lösung

375 g Zucker mit

knapp 1¼ l Wasser zum Kochen bringen, kurz aufkochen lassen (Zucker muß sich vollständig lösen), erkalten lassen, mit

1 Teel. Zitronensäure verrühren, über die Birnen gießen

im übrigen die allgemeinen Einkochregeln S. 12 ab Punkt 8 beachten

Einkochzeit: 30–40 Minuten bei 90–100° C.

Holunder-Kompott, bayerisch

Etwa 1¼ kg Birnen waschen, schälen, vierteln, von Blüte, Stiel und Kerngehäuse befreien

1 l Wasser mit der

gelben Schale von 1 Zitrone (unbehandelt) zum Kochen bringen, die Birnenviertel hineingeben, zum Kochen bringen, halbgar kochen lassen, mit einem Schaumlöffel herausnehmen, in vorbereitete Einkochgläser (S. 12 Punkt 5–7) füllen

1½ kg Zwetschen waschen, gut abtropfen lassen, halbieren, entsteinen, in die Birnen-Kochflüssigkeit geben, kurz erhitzen (nicht kochen lassen), mit einem Schaumlöffel herausnehmen, zu den Birnen geben

etwa 1¼ kg vorbereitete Holunderbeeren waschen, gut abtropfen lassen, über die Zwetschen verteilen

für die Zucker-Lösung

200–600 g Zucker mit der Kochflüssigkeit,

Zitronensaft zum Kochen bringen, kurz aufkochen abkühlen lassen (Zitronenschale entfernen), über das Obst gießen

im übrigen die allgemeinen Einkochregeln S. 12 ab Punkt 8 beachten

Einkochzeit: 30 Minuten bei 80° C.

Anmerkung: Für 4 Gläser von je 1 l Inhalt.

Heidelbeeren

Bickbeeren, Blaubeeren

Etwa 3½ kg Heidelbeeren (für 4 Gläser von je 1 l Inhalt) sorgfältig verlesen, waschen, gut abtropfen lassen

die Heidelbeeren lagenweise mit

Zucker (auf je 1 kg Heidelbeeren 150 g Zucker) in eine Schüssel füllen, vorsichtig durchschütteln und, mit einem Tuch bedeckt, an einem kühlen Ort über Nacht stehenlassen

Früchte und Saft in die vorbereiteten Einkochgläser (S. 12 Punkt 5–7) füllen

im übrigen die allgemeinen Einkochregeln S. 12 ab Punkt 8 beachten

Einkochzeit: 30 Minuten bei 80° C.

Eingelegte Pfirsiche und Birnen

1 kg Birnen schälen, halbieren, entkernen
5 reife, feste Pfirsiche waschen, trockentupfen, halbieren, entsteinen
in jede Pfirsichhälfte eine von
10 Gewürznelken stecken
Birnen- und Pfirsichhälften in vorbereitete Gläser (S. 20 Punkt 4/5) füllen
für die Essig-Zucker-Lösung
1 Ingwerwurzel schälen, in Würfel schneiden, mit
750 ml (3/4 l) Wasser
250 g Zucker
2 Stangen Zimt
3 Gewürznelken zum Kochen bringen, kurz aufkochen lassen (Zucker muß sich vollständig lösen), abschäumen
375 ml (3/8 l) Apfelessig hinzufügen, abkühlen lassen, über die Birnen gießen
im übrigen die allgemeinen Einkochregeln S. 12 ab Punkt 8 beachten
Einkochzeit: 30 Minuten bei 150° C.

Walnuß-Backpflaumen-Mus

500 g Kurpflaumen oder 750 g entsteinte Backpflaumen 12–24 Stunden in
1000 ml (1 l) kaltem Wasser in einem dickbodigen Topf einweichen
50 g Rosinen verlesen, mit dem
Saft von 2 Orangen
50 g feingehacktem Orangeat
500 g Zucker
1/4 Teel. gemahlenen Nelken
1/4 Teel. Ingwerpulver
1/2 Teel. gemahlenem Zimt zu den Pflaumen geben, mit dem Einweichwasser unter ständigem Rühren langsam zum Kochen bringen (Zucker muß sich vollständig lösen), evtl. abschäumen, unter ständigem Rühren 15–20 Minuten kräftig kochen lassen, bis das Mus dickbreiig ist
100 g gehackte Walnußkerne
2 Eßl. Mandel-Likör hinzufügen, nochmals aufkochen lassen
Einfüllen des Muses und Verschließen der Gläser S. 15 ab Punkt 5.

Erdbeeren

Etwa 4 kg reife, feste, rotfleischige Erdbeeren (für 4 Gläser von je 1 l Inhalt) waschen, gut abtropfen lassen, entstielen
auf 1 kg Erdbeeren 200–250 g Zucker
die Erdbeeren mit dem Zucker lagenweise in eine Schüssel geben, vorsichtig durchschütteln und, mit einem Tuch bedeckt, über Nacht an einem kühlen Ort stehenlassen
Früchte und Saft in die vorbereiteten Einkochgläser (S. 12 Punkt 5–7) füllen
im übrigen die allgemeinen Einkochregeln S. 12 ab Punkt 8 beachten
Einkochzeit: 20–25 Minuten bei 75° C.

Tip: Da manche Sorten Erdbeeren während des Einkochens ihre leuchtend rote Farbe verlieren und grau werden, empfiehlt es sich, vorher etwas dunklen Kirschsaft an die Erdbeeren zu geben.

Rhabarber

Etwa 3 kg Rhabarber (für 4 Gläser von je 1 l Inhalt) waschen, gut abtrocknen, in kleine Stücke schneiden (nicht abziehen), in die vorbereiteten Einkochgläser (S. 12 Punkt 5–7) füllen

für die Zuckerlösung

750 g Zucker mit

375 ml (3/8 l) Wasser zum Kochen bringen (Zucker muß sich vollständig lösen), kurz aufkochen lassen, heiß über den Rhabarber geben

im übrigen die allgemeinen Einkochregeln S. 12 ab Punkt 8 beachten

Einkochzeit: 25 Minuten bei 80° C.

Äpfel

Etwa 3½ kg Äpfel (für 4 Gläser von je 1 l Inhalt) waschen, schälen, je nach Größe vierteln oder achteln, von Blüte, Stiel und Kerngehäuse befreien, in

schwach gesalzenes Wasser legen

die Äpfel gut abtropfen lassen, mit der Rundung nach oben fest in die vorbereiteten Einkochgläser (S. 12 Punkt 5–7) füllen

für die Zuckerlösung

200–300 g Zucker mit

1 l Wasser zum Kochen bringen (Zucker muß sich vollständig lösen), kurz aufkochen lassen und, falls die Äpfel fade im Geschmack sind, die Zuckerlösung mit

Zitronensaft abschmecken, etwas abgekühlt über die Äpfel gießen

im übrigen die allgemeinen Einkochregeln S. 12 ab Punkt 8 beachten

Einkochzeit für weiche Äpfel: 30 Minuten bei 80° C

für harte Äpfel: 35–40 Minuten bei 80° C.

Renekloden in Armagnac

1½ kg reife Renekloden waschen, trockentupfen, mit

200 g Zucker in zwei vorbereitete 1 l-Einkochgläser (S. 12 Punkt 5–7) füllen

2 Flaschen (je 0,7 l) Armagnac hinzufügen

im übrigen die allgemeinen Einkochregeln S. 12 ab Punkt 8 beachten

Einkochzeit: 30 Minuten bei 75° C.

Pfirsiche

Für die Zuckerlösung

300–400 g Zucker mit

1 l Wasser zum Kochen bringen (Zucker muß sich vollständig lösen), kurz aufkochen, abkühlen lassen

etwa 5 kg Pfirsiche (für 4 Gläser von je 1 l Inhalt) waschen, abtropfen lassen, halbieren, entsteinen

die Pfirsichhälften portionsweise in kochendes Wasser geben, etwa 3 Minuten darin ziehen lassen, herausnehmen, enthäuten

die Früchte mit der Rundung nach oben in die vorbereiteten Einkochgläser (S. 12 Punkt 5–7) füllen
sobald ein Glas gefüllt ist, die etwas abgekühlte Zuckerlösung über die Pfirsiche gießen
im übrigen die allgemeinen Einkochregeln S. 12 ab Punkt 8 beachten

Einkochzeit: 30 Minuten bei 75° C.

Würziges Holunder-Kompott

Etwa 1 1/4 kg vorbereitete Holunderbeeren (für 4 Gläser von je 1/2 l Inhalt) waschen, gut abtropfen lassen, mit
4 kleinen Stangen Zimt
8 Gewürznelken
Schale und Saft von 1 Zitrone (unbehandelt)

Fortsetzung Seite 32

4 Teel. Vanillin-Zucker
400 g Zucker in die vorbereiteten Einkochgläser (S. 12 Punkt 5–7) füllen
im übrigen die allgemeinen Einkochregeln S. 12 ab Punkt 8 beachten
Einkochzeit: 30 Minuten bei 80° C.
Anmerkung: Würziges Holunder-Kompott wird ohne Flüssigkeit eingekocht und ist im Geschmack sehr intensiv. Als Beigabe zu Fleischgerichten oder als Nachspeise mit Birnen- oder Apfelkompott gemischt reichen.

Pikante Birnen, süß-sauer

Etwa 4 kg Birnen (für 4 Gläser von je 1 l Inhalt) waschen, schälen, je nach Größe halbieren oder vierteln, von Blüte, Stiel und Kerngehäuse befreien, in
schwach gesalzenes Wasser legen
die Birnen gut abtropfen lassen, mit der Rundung nach oben in die vorbereiteten Einkochgläser (S. 12 Punkt 5–7) legen
für die Essig-Zucker-Lösung
500 g Zucker mit
500 ml (½ l) Wein- oder Obst-Essig
1000 ml (1 l) Wasser
4 Gewürznelken
2 Eßl. gelben Senfkörnern
½ Stange Zimt (in 4 Teile gebrochen)
Zitronenschale von 1 Zitrone (unbehandelt) zum Kochen bringen, etwa 10 Minuten kochen lassen (Zucker muß sich vollständig lösen)
die Zitronenschale herausnehmen, die Flüssigkeit über die Birnen gießen (Gewürze gleichmäßig verteilen)
im übrigen die allgemeinen Einkochregeln S. 12 ab Punkt 8 beachten
Einkochzeit für weiche Birnen: 30 Minuten bei 90° C
für harte Birnen: 40–50 Minuten bei 90° C.
Veränderung: Kleine Birnen mit dünner Schale können auch ungeschält eingekocht werden, dann die Früchte nur waschen, von Blüte und Stiel befreien.

Ingwer-Essig-Pflaumen

1½ kg Pflaumen gründlich waschen, abtrocknen, in vorbereitete Gläser (S. 12 Punkt 5–7) füllen
für die Essig-Zucker-Lösung
500 ml (½ l) Wasser mit
150 g Zucker
6 Gewürznelken
1 Stange Zimt
1 Stück geschälter Ingwerwurzel
gelber Zitronenschale (unbehandelt) zum Kochen bringen, kurz aufkochen lassen (Zucker muß sich vollständig lösen), abschäumen
250 ml (¼ l) Obst-Essig hinzufügen, abkühlen lassen, über die Pflaumen gießen
im übrigen die allgemeinen Einkochregeln S. 12 ab Punkt 8 beachten
Einkochzeit: 30 Minuten bei 150° C.

Stachelbeeren

Etwa 3 kg unreife, harte Stachelbeeren (für 4 Gläser von je 1 l Inhalt) von Stiel und Blüte befreien, gründlich waschen, gut abtropfen lassen, in die vorbereiteten Einkochgläser (S. 12 Punkt 5–7) füllen

für die Zuckerlösung

750 g Zucker mit

1 l Wasser zum Kochen bringen (Zucker muß sich vollständig lösen), kurz aufkochen, etwas abkühlen lassen, über die Stachelbeeren gießen

im übrigen die allgemeinen Einkochregeln S. 12 ab Punkt 8 beachten

Einkochzeit: 30 Minuten bei 75° C.

Aprikosen, süß-sauer

Etwa 3 kg Aprikosen (reif, aber nicht zu weich, für 4 Gläser von je 1 l Inhalt) waschen, gut abtropfen lassen, halbieren, entsteinen, in die vorbereiteten Einkochgläser (S. 12 Punkt 5–7) füllen

für die Essig-Zucker-Lösung

500 ml (1/2 l) hellen Essig mit

500 ml (1/2 l) Wasser

4 Gewürznelken

2 Kardamomkapseln oder 1/4 Teel. gemahlenem Kardamom

Saft und feingeschnittener Schale von 1 Orange (unbehandelt)

1 Stange Zimt (in 4 Teile gebrochen)

500 g Zucker zum Kochen bringen, kurz aufkochen lassen (Zucker muß sich vollständig lösen), abkühlen lassen, über die Aprikosen gießen

im übrigen die allgemeinen Einkochregeln S. 12 ab Punkt 8 beachten

Einkochzeit: 30 Minuten bei 75° C.

Mirabellen

(Abb. unten)

Etwa 3 kg Mirabellen (für 4 Gläser von je 1 l Inhalt) waschen, gut abtropfen lassen, entstielen, in die vorbereiteten Einkochgläser (S. 12 Punkt 5–7) füllen
für die Zuckerlösung
250–375 g Zucker mit
1 l Wasser zum Kochen bringen, kurz aufkochen lassen (Zucker muß sich vollständig lösen), abkühlen lassen, über die Mirabellen gießen
im übrigen die allgemeinen Einkochregeln S. 12 ab Punkt 8 beachten

Einkochzeit: 30 Minuten bei 75° C.
Veränderung: Die Mirabellen entsteint einkochen.

Birnen

(Abb. unten)

Etwa 4 kg Birnen (für 4 Gläser von je 1 l Inhalt) waschen, schälen, je nach Größe halbieren oder vierteln, von Blüte, Stiel und Kerngehäuse befreien, in
schwach gesalzenes Wasser legen
die Birnen gut abtropfen lassen, mit der Rundung nach oben in die vorbereiteten Einkochgläser (S. 12 Punkt 5–7) legen
für die Zuckerlösung
200–300 g Zucker mit
1 l Wasser zum Kochen bringen (Zucker muß sich vollständig lösen), kurz aufkochen lassen und, falls die Birnen wenig sauer im Geschmack sind, die Zuckerlösung mit
Zitronensaft abschmecken
die abgekühlte Zuckerlösung über die Birnen gießen
im übrigen die allgemeinen Einkochregeln S. 12 ab Punkt 8 beachten

Einkochzeit für weiche Birnen: 30 Minuten bei 90° C
Für harte Birnen: 40–50 Minuten bei 90° C.
Veränderung: Kleine Birnen mit dünner Schale können auch ungeschält eingekocht werden; dann die Früchte nur waschen, von Blüte und Stiel befreien.

Mirabellen, Birnen, Erdbeeren S. 29, Sauerkirschen S. 27

Dreifrucht

Etwa 1 kg Pflaumen waschen, gut abtropfen lassen, halbieren, entsteinen

1 kg weiche Birnen
1 kg Äpfel beide Früchte schälen, je nach Größe vierteln oder achteln, von Blüte, Stiel und Kerngehäuse befreien, in

schwach gesalzenes Wasser legen
Birnen und Äpfel gut abtropfen lassen, schichtweise mit den Pflaumen in die vorbereiteten Einkochgläser (S. 12 Punkt 5–7) füllen
für die Zuckerlösung

300 g Zucker mit
1 l Wasser zum Kochen bringen, kurz aufkochen lassen (Zucker muß sich vollständig lösen), abkühlen lassen, über die Früchte gießen
im übrigen die allgemeinen Einkochregeln S. 12 ab Punkt 8 beachten

Einkochzeit: 30 Minuten bei 90° C.

Süßkirschen

Etwa 3½ kg Kirschen (für 4 Gläser von je 1 l Inhalt) waschen, abtropfen lassen, entstielen, in die vorbereiteten Einkochgläser (S. 12 Punkt 5–7) füllen
für die Zuckerlösung

150–200 g Zucker mit
1 l Wasser zum Kochen bringen (Zucker muß sich vollständig lösen), kurz aufkochen lassen und, falls die Früchte fade im Geschmack sind, die Zuckerlösung
mit

Zitronensaft abschmecken, etwas abgekühlt über die Kirschen gießen
im übrigen die allgemeinen Einkochregeln S. 12 ab Punkt 8 beachten

Einkochzeit: 25–30 Minuten bei 80° C.

Veränderung: Süßkirschen mit festem Fleisch entsteint einkochen.

Schwarzwurzeln

Etwa $4^1/_2$ kg Schwarzwurzeln (für 4 Gläser von je 1 l Inhalt) gründlich unter fließendem kaltem Wasser bürsten, schrappen, kurz abspülen, die Stangen in etwa 3 cm lange Stücke schneiden, sofort in

schwaches Essigwasser (auf 1 l Wasser 3 Eßl. Essig) legen
die Schwarzwurzeln gut abtropfen lassen, in die vorbereiteten Einkochgläser (S. 12 Punkt 5–7) füllen
die Schwarzwurzeln mit kaltem Wasser übergießen
im übrigen die allgemeinen Einkochregeln S. 12 ab Punkt 8 betrachten

Einkochzeit $1^1/_2$ Stunden bei 98° C.

Veränderung: Falls die Schwarzwurzeln vorgekocht werden sollen, die vorbereiteten, abgetropften Schwarzwurzelstücke in

kochendes Essigwasser (auf 1 l Wasser 3 Eßl. Essig) geben, zum Kochen bringen, 5 Minuten darin ziehen lassen, mit dem Schaumlöffel herausnehmen, in die vorbereiteten Einkochgläser (S. 12 Punkt 5–7) füllen
die Schwarzwurzeln mit heißem Wasser übergießen
im übrigen die allgemeinen Einkochregeln S. 12 ab Punkt 8 beachten

Einkochzeit: 1 Stunde bei 98° C.

Sellerie

8–12 mittelgroße Sellerieknollen (für 4 Gläser von je 1 l Inhalt) gründlich unter fließendem kaltem Wasser bürsten, mit der Schale in

kochendes Salz-Essigwasser (auf 1 l Wasser 1 Teel. Salz, 2–3 Eßl. Essig) geben, zum Kochen bringen, fast gar kochen lassen
die Knollen aus dem Wasser nehmen, mit kaltem Wasser übergießen, abziehen, in Scheiben schneiden, in die vorbereiteten Einkochgläser (S. 12 Punkt 5–7) füllen
das Selleriegemüse mit heißem Wasser übergießen
im übrigen die allgemeinen Einkochregeln S. 12 ab Punkt 8 beachten

Einkochzeit: 1 Stunde bei 98° C.

Erbsen

7–9 kg Erbsen mit Hülsen (für 4 Gläser von je 1 l Inhalt) ausspalen, waschen, bis knapp unter den Rand in die vorbereiteten Einkochgläser (S. 12 Punkt 5–7) füllen
die Erbsen bis etwa 3 cm unter den Glasrand mit kaltem Wasser übergießen, im übrigen die allgemeinen Einkochregeln S. 12 ab Punkt 8 beachten

Einkochzeit: $1^1/_2$ Stunden bei 98° C, am nächsten Tag die Erbsen ein zweites Mal einkochen, und zwar 1 Stunde bei 98° C.

Salzgurken

2–2½ kg mittelgroße, feste Gurken (für 4 Gläser von je 1 l Inhalt) waschen, mit **Salzwasser (auf 1 l Wasser 75 g Salz)** bedecken, 12–24 Stunden an einem kühlen Ort stehenlassen, danach sorgfältig bürsten, abspülen

die Gurken abtrocknen, schlechte Stellen entfernen, mit einer Nadel einige Male durchstechen, nach Belieben in Stücke schneiden oder im Ganzen verwenden

auf je 1 kg Gurken:
2 Teel. Gurkengewürz
2–3 gewaschene Dilldolden oder 1 Teel. Dillkörner
1 Teel. weiße Pfefferkörner
1 Teel. geriebenen Meerrettich

die Gurken mit den Zutaten (Gewürz am besten im Mullbeutelchen) in die vorbereiteten Einkochgläser (S. 12 Punkt 5–7) schichten

für die Essig-Salz-Lösung

125 g Salz mit
1½ l Wasser zum Kochen bringen, kurz aufkochen lassen
125 ml (⅛ l) Essig hinzufügen, abkühlen lassen, über die Gurken gießen

im übrigen die allgemeinen Einkochregeln S. 12 ab Punkt 8 beachten

Einkochzeit: 25–30 Minuten bei 75° C.

Spargel

4–6 kg Spargel (für 4 Gläser von je ¾–1 l Inhalt, schmale, hohe Gläser sind am besten geeignet) waschen, von oben nach unten schälen, darauf achten, daß die Schalen vollständig entfernt, die Köpfe aber nicht verletzt werden

die Stangen möglichst der Glashöhe entsprechend lang schneiden (holzige Teile vollkommen entfernen), mit den Köpfen nach unten in die vorbereiteten Einkochgläser (S. 12 Punkt 5–7) stellen

den Spargel mit kochendem Wasser übergießen, abgießen, die Gläser wieder mit heißem Wasser füllen

im übrigen die allgemeinen Einkochregeln S. 12 ab Punkt 8 beachten

Einkochzeit: 1½–2 Stunden bei 98° C.

Gulasch

Knapp 1 kg Rindfleisch (für 1 Glas von 1 l Inhalt) unter fließendem kaltem Wasser abspülen, trockentupfen, in etwa 2 cm große Würfel schneiden
75 g Fett erhitzen, das Fleisch von allen Seiten gut darin bräunen
2 Zwiebeln abziehen, würfeln, hinzugeben, mitbräunen lassen, mit
Salz
Pfeffer
Paprika edelsüß würzen
etwas von
250 ml (1/4 l) heißem Wasser hinzufügen, das Fleisch 1 Stunde schmoren lassen, verdampfte Flüssigkeit nach und nach ersetzen
das heiße Fleisch in das vorbereitete Einkochglas (S. 13 Punkt 1–2) füllen, mit dem Bratensatz übergießen
im übrigen die allgemeinen Einkochregeln S. 13 ab Punkt 3 beachten
Einkochzeit: 2 Stunden bei 98° C.

Würzige Senfgurken

Etwa 6 kg ausgewachsene, aber feste Gurken (für 4 Gläser von je 1 l Inhalt) waschen, schälen, der Länge nach durchschneiden, das Mark mit einem Löffel auskratzen
die Gurken in fingerlange Streifen schneiden, mit
Salz (auf je 1 kg Gurken, vorbereitet gewogen, 30 g Salz) in eine Schüssel schichten, mit einem Tuch bedeckt, 12–24 Stunden an einem kühlen Ort stehenlassen
die Gurken gut abtropfen lassen, sorgfältig abtrocknen
50 g Perlzwiebeln abziehen, waschen
1 Stück Meerrettich putzen, waschen, in Stücke schneiden
Gurken, Zwiebeln, Meerrettich mit
2 Gewürzkörnern
1 Lorbeerblatt
3–4 weißen und schwarzen Pfefferkörnern
15 gelben Senfkörnern in die vorbereiteten Einkochgläser (S. 12 Punkt 5–7) füllen
für die Essig-Zucker-Lösung
150–200 g Zucker mit
gut 500 ml (1/2 l) Wasser zum Kochen bringen, kurz aufkochen lassen, (Zucker muß sich vollständig lösen), abschäumen
gut 250 ml (1/4 l) Wein-Essig hinzufügen, abkühlen lassen
die Essig-Zucker-Lösung über die Gurken gießen
im übrigen die allgemeinen Einkochregeln S. 12 ab Punkt 8 beachten
Einkochzeit: 30 Minuten bei 75° C.

Landleberwurst, grob

(Abb. nebenstehend)

2 1/2 kg Schweinefleisch, wie gewachsen (Schulter, Kopf, Bauch, für 4–5 Gläser von je 1 l Inhalt)
750 g frische Schwarten
die beiden Zutaten unter fließendem kaltem Wasser abspülen, mit
Salzwasser bedeckt zum Kochen bringen, etwa 1 1/2 Stunden kochen lassen, herausnehmen, das Fleisch von den Knochen lösen
die Schwarten und etwa die Hälfte des Fleisches zuerst einmal durch die feine Scheibe des Fleischwolfs drehen
750 g Schweine- oder Rinderleber unter fließendem kaltem Wasser abspülen, trockentupfen, einmal durch die feine Scheibe des Fleischwolfs drehen
das restliche Schweinefleisch in sehr kleine Würfel schneiden
alle Zutaten gut miteinander vermengen, mit
Salz
schwarzem Pfeffer (aus der Mühle)
gemahlenen Lorbeerblättern
gerebeltem Majoran
geriebener Muskatnuß
gemahlenen Nelken
gerebeltem Thymian würzen, so viel von der Kochbrühe

Fortsetzung Seite 40

	hinzufügen, daß ein geschmeidiger Brei entsteht
250 g Zwiebeln	abziehen, sehr fein reiben, unter den Brei mischen, nochmals kräftig mit Salz, Pfeffer, Thymian, Majoran abschmecken
	den Fleischbrei zu 3/4 in die vorbereiteten Einkochgläser (S. 13 Punkt 1–2) füllen
	im übrigen die allgemeinen Einkochregeln S. 13 ab Punkt 3 beachten
Einkochzeit:	1 1/2 Stunden bei 98° C.

Mixed Pickles

1 kg kleine, feste Gurken	waschen, mit
Salzwasser (auf 1 l Wasser 75 g Salz)	bedecken, 12–24 Stunden an einem kühlen Ort stehenlassen, danach gründlich bürsten, abspülen, abtrocknen, schlechte Stellen entfernen
1 kleinen Kopf Blumenkohl	putzen, in Röschen teilen, waschen, evtl. in Salzwasser legen, um Raupen und Insekten zu entfernen, abtropfen lassen
250 g Grüne Bohnen	evtl. abfädeln, waschen, in etwa 4 cm lange Stücke brechen oder schneiden
500 g Möhren	putzen, schrappen, waschen, mit einem Buntschneidemesser in Scheiben schneiden, Blumenkohl, Bohnen und Möhren nacheinander in
kochendes Wasser	geben, zum Kochen bringen, fast gar kochen lassen
1/2 Stange Meerrettich	putzen, waschen, in Stücke schneiden
125 g Perlzwiebeln	abziehen, waschen
	Gurken, Gemüse, Meerrettich, Zwiebeln mit
3 Lorbeerblättern 20 Pfefferkörnern 10 Pimentkörnern (Nelkenpfeffer) (am besten in einem Mullbeutelchen)	fest in die vorbereiteten Einkochgläser (S. 12 Punkt 5–7) schichten
	für die Essig-Zucker-Lösung
125 g Zucker	mit
50 g Salz 1 1/2 l Wasser	zum Kochen bringen, kurz aufkochen lassen, abschäumen
750 ml (3/4 l) Wein-Essig	hinzufügen, abkühlen lassen, über die Mixed Pickles gießen
	im übrigen die allgemeinen Einkochregeln S. 12 ab Punkt 8 beachten
Einkochzeit:	30 Minuten bei 80° C.

Schulterbraten in Apfelsud

500–700 g Schweineschulter (ohne Knochen, mit Schwarte, für 1 Glas von 1 l Inhalt)	das Fleisch so schneiden, daß es in das Einkochglas paßt, unter fließendem kaltem Wasser abspülen, trockentupfen, mit
Salz, Pfeffer gerebeltem Thymian	würzen
50 g Pflanzenfett	erhitzen, das Fleisch von allen Seiten gut darin anbraten
	sobald der Bratensatz bräunt, etwas von
125 ml (1/8 l) heißem Wasser 250 ml (1/4 l) Apfelsaft	hinzufügen, das Fleisch ab und zu mit dem Bratensatz begießen, schmoren lassen, verdampfte Flüssigkeit nach und nach ersetzen, mit Salz, Pfeffer,
Streuwürze Sherry dry	abschmecken
	die Schweineschulter in das vorbereitete Einkochglas (S. 13 Punkt 1–2) füllen
1–2 säuerliche Äpfel	schälen, vierteln, entkernen, zu dem Bratensatz geben, kurz miterhitzen, über das Fleisch gießen
	im übrigen die allgemeinen Einkochregeln S. 13 ab Punkt 3 beachten
Einkochzeit:	2 Stunden bei 98° C.

Gefüllte Paprikaschoten

(Abb. nebenstehend)

	Von
2–3 länglichen Paprikaschoten für 1 Glas von 1 l Inhalt)	die Stiele entfernen, die Deckel abschneiden, Kerne und weiße Scheidewände entfernen, die Schoten waschen, abtrocknen, die Deckel in Streifen schneiden

	für die Füllung
1 kleine Zwiebel	abziehen, würfeln, mit
100–150 g Gehacktem	
50–75 g gekochtem Langkornreis	gut vermengen, mit
Salz, Pfeffer	
Paprika edelsüß	
Knoblauchsalz	
gerebeltem Majoran	würzen, die Füllung in die Paprikaschoten geben die Paprikaschoten in das vorbereitete Einkochglas (S. 13 Punkt 1–2) setzen

20 g Speiseöl	erhitzen
1 Zwiebel	abziehen, fein würfeln, in dem Öl glasig dünsten lassen
2 enthäutete Tomaten	in Würfel schneiden, dazugeben, mitdünsten lassen
250 ml ($^1/_4$ l) heiße Instant-Fleischbrühe	hinzugießen, zum Kochen bringen, mit Salz, Pfeffer abschmecken, über die Paprikaschoten gießen im übrigen die allgemeinen Einkochregeln S. 13 ab Punkt 3 beachten
Einkochzeit:	1 Stunde bei 98° C.

Süß-saure Paprika und Tomaten

$1\frac{1}{2}$ kg rote und grüne Paprikaschoten	halbieren, entstielen, entkernen, die weißen Scheidewände entfernen, die Schotenhälften waschen, längs halbieren, in
kochendes Wasser	geben, zum Kochen bringen, etwa 2 Minuten kochen lassen, mit kaltem Wasser übergießen, abtropfen lassen
1 kg kleine Tomaten	waschen, abtropfen lassen
4–5 junge Sellerieblätter	abspülen, trockentupfen die drei Zutaten in die vorbereiteten Einkochgläser (S. 13 Punkt 5–7) füllen *für die Essig-Zucker-Lösung*
4 Knoblauchzehen	abziehen, in Scheiben schneiden, mit
750 ml ($\frac{3}{4}$ l) Wasser	
750 ml ($\frac{3}{4}$ l) Rotwein-Essig	
125 g Zucker	
30 g Salz	
1 Päckchen Einmach-Gewürz	zum Kochen bringen, über das Gemüse gießen im übrigen die allgemeinen Einkochregeln S. 12 ab Punkt 8 beachten
Einkochzeit:	40 Minuten bei 140° C.

Steckrüben, bäuerliche Art

500 g Bauchspeck	in kleine Würfel schneiden
$1\frac{1}{2}$–2 kg Steckrüben (für 4 Gläser von je 1 l Inhalt)	schälen, waschen, in Stifte schneiden die Zutaten abwechselnd fest in die vorbereiteten Einkochgläser (S. 12 Punkt 5–7 fülllen, leicht andrücken
2 Zwiebeln	abziehen, fein würfeln
50 g Pflanzenfett	erhitzen, die Zwiebelwürfel darin andünsten
2 l heiße Instant-Fleischbrühe	hinzugießen, zum Kochen bringen, kurz aufkochen lassen, mit
Salz, Pfeffer	würzen, nach Belieben mit
Streuwürze	abschmecken
2 Eßl. feingehackte Petersilie	unterrühren, die Flüssigkeit über Gemüse und Fleisch gießen im übrigen die allgemeinen Einkochregeln S. 12 ab Punkt 8 beachten
Einkochzeit:	$1\frac{1}{2}$ Stunden bei 98° C.

Rinder-Rouladen

4 Scheiben Rindfleisch (je etwa 150 g, aus der Keule geschnitten, für 1 Glas von 1 l Inhalt)	leicht klopfen, mit
Senf	bestreichen
Salz	
Pfeffer	bestreuen
2 Zwiebeln	abziehen, würfeln

60 g fetten Speck	in Streifen oder Scheiben schneiden beide Zutaten auf die Fleischscheiben legen, von der schmalen Seite her aufrollen, mit einer Bratennadel zusammenhalten
50 g Fett	erhitzen, die Rouladen von allen Seiten gut darin bräunen etwas von
250 ml (1/4 l) heißem Wasser	hinzugießen, die Rouladen 1 Stunde schmoren lassen, ab und zu wenden, verdampfte Flüssigkeit nach und nach ersetzen die noch heißen Rouladen in das vorbereitete Einkochglas (S. 13 Punkt 1–2) füllen, mit dem losgekochten Bratensatz übergießen im übrigen die allgemeinen Einkochregeln S. 13 ab Punkt 3 beachten
Einkochzeit:	2 Stunden bei 98° C.

Rotkohl

(Abb. nebenstehend)

Von
Etwa $2^1/_2$ kg Rotkohl (für 4 Gläser von je 1 l Inhalt) die äußeren Blätter und die schlechten Stellen entfernen
den Kopf halbieren, den Strunk herausschneiden, jede Hälfte kurz waschen, möglichst fein schneiden oder hobeln
den Kohl in eine entsprechend große Schüssel geben, mit
Essig (auf 1 kg Rotkohl 2 Eßl. Essig) übergießen, mit
Zucker
Salz bestreuen, mischen, mit einem Tuch bedeckt an einem kühlen Ort über Nacht stehenlassen
den Rotkohl mit der sich gebildeten Flüssigkeit in die vorbereiteten Einkochgläser (S. 12 Punkt 5–7) füllen
im übrigen die allgemeinen Einkochregeln S. 12 ab Punkt 8 beachten
Einkochzeit: $1^1/_2$ Stunden bei 98° C.

Paprika-Gurken-Gemüse

(Abb. nebenstehend)

1 kg rote Paprikaschoten
1 kg grüne Paprikaschoten
1 kg Salatgurken (für 4 Gläser von je 1 l Inhalt)
die Paprikaschoten halbieren, entstielen, entkernen, die weißen Scheidewände entfernen, die Schoten waschen
die Gurken schälen, halbieren, entkernen
beide Zutaten in Stücke schneiden, in die vorbereiteten Einkochgläser (S. 12 Punkt 5–7) füllen
$1^1/_2$ Wasser mit
1 l Weißwein
Salz kurz erhitzen, über das Gemüse gießen
im übrigen die allgemeinen Einkochregeln S. 12 ab Punkt 8 beachten
Einkochzeit: 30 Minuten bei 98° C.

Staudensellerie

(Abb. oben)

3 kg Staudensellerie (für 4 Gläser von je 1 l Inhalt) putzen, waschen, in 10 cm lange Stücke schneiden, in die vorbereiteten Einkochgläser (S. 12 Punkt 5–7) füllen, mit
kaltem Salzwasser übergießen
im übrigen die allgemeinen Einkochregeln S. 12 ab Punkt 8 beachten
Einkochzeit: $1^1/_2$ Stunden bei 98° C.

Zucchini

$2^1/_2$ kg Zucchini (für 4 Gläser von je 1 l Inhalt) von den Stengelansätzen befreien, waschen, in $^1/_2$ cm dicke Scheiben schneiden, in die vorbereiteten Einkochgläser (S. 12 Punkt 5–7) füllen, dabei die Gläser ab und zu schütteln, damit der Inhalt zusammenfällt
das Gemüse mit
Salzwasser übergießen
im übrigen die allgemeinen Einkochregeln S. 12 ab Punkt 8 beachten
Einkochzeit: $1^1/_2$ Stunden bei 98° C.

Wirsing

(Abb. nebenstehend)

Etwa 3 kg Wirsing (für 4 Gläser von je 1 l Inhalt) von den äußeren Blättern und schlechten Stellen befreien, den Kopf halbieren, vierteln, den Strunk herausschneiden
den Kohl möglichst fein schneiden oder hobeln, in
kochendes Salzwasser geben, zum Kochen bringen, kurz aufkochen lassen
den Wirsing zum Abtropfen auf ein Sieb geben, in die vorbereiteten Einkochgläser (S. 12 Punkt 5–7) füllen
den Wirsing mit
heißem Salzwasser übergießen
im übrigen die allgemeinen Einkochregeln S. 12 ab Punkt 8 beachten
Einkochzeit: $1^1/_2$ Stunden bei 98° C.

Bohnen

(Abb. nebenstehend)

Nach der Sorte der Bohnen richtet sich ihre Verwendung. Für Schnittbohnen eignen sich flache, breite Sorten, am besten junge Stangenbohnen. Die runden, fleischigen, sogenannten Speckbohnen als Brechbohnen verarbeiten; Prinzeßbohnen oder gelbe Wachsbohnen als Salatbohnen verwenden.

$2–2^1/_2$ kg Bohnen (für 4 Gläser von je 1 l Inhalt) putzen, evtl. abfädeln, waschen, schnippeln (Bohnenschneidemaschine oder Schnippelmesser) oder in etwa 4 cm lange Stücke brechen oder schneiden, in die vorbereiteten Einkochgläser (S. 12 Punkt 5–7) füllen
die Bohnen mit abgekochtem, etwas abgekühltem Wasser übergießen
im übrigen die allgemeinen Einkochregeln S. 12 ab Punkt 8 beachten
Einkochzeit: 2 Stunden bei 98° C.
Veränderung: Brech- oder Salatbohnen nach dem Vorbereiten in nicht zu großer Menge in kochendes Wasser geben, kurz aufwellen lassen, gut abgetropft in die vorbereiteten Einkochgläser füllen
die Bohnen mit kochendheißem Wasser übergießen
im übrigen die allgemeinen Einkochregeln S. 12 ab Punkt 8 beachten
Einkochzeit: $1^1/_2$ Stunden bei 98° C.

Kohlrabi

15–20 junge, zarte Kohlrabi (für 4 Gläser von je 1 l Inhalt) schälen, waschen, in Scheiben oder Streifen schneiden, in die vorbereiteten Einkochgläser (S. 12 Punkt 5–7) füllen
das Kohlrabigemüse mit kaltem Wasser übergießen
im übrigen die allgemeinen Einkochregeln S. 12 ab Punkt 8 beachten

Einkochzeit: 2 Stunden bei 98° C.

Veränderung: Falls es sich um härtere Kohlrabi handelt, empfiehlt es sich, das vorbereitete Gemüse vor dem Einfüllen in die Gläser in kochendes Wasser zu geben und 3 Minuten darin ziehen zu lassen
das abgetropfte heiße Gemüse in die vorbereiteten Einkochgläser füllen, mit heißem Wasser übergießen
im übrigen die allgemeine Einkochregeln S. 12 ab Punkt 8 beachten

Einkochzeit: 1 1/2 Stunden bei 98° C.

Möhren

Karotten, Wurzeln

3 1/2–4 kg Möhren (für 4 Gläser von je 1 l Inhalt) putzen, schrappen, waschen, kleine Möhren ganz lassen, größere in Scheiben, Stifte oder Würfel schneiden, evtl. mit einem Buntschneidemesser
die Möhren in die vorbereiteten Einkochgläser (S. 12 Punkt 5–7) füllen
die Möhren mit kaltem Wasser übergießen
im übrigen die allgemeinen Einkochregeln S. 12 ab Punkt 8 beachten

Einkochzeit: 1 1/2 Stunden bei 98° C.

Sauerfleisch, pikant

1 1/2–2 kg frisches Bauchfleisch (ohne Knochen, für 4 Gläser von je 1 l Inhalt) in 4 gleichgroße Stücke schneiden, so daß sie in die Einkochgläser passen, unter fließendem kaltem Wasser abspülen, trockentupfen

1000 ml (1 l) Wasser mit
250 ml (1/4 l) Essig zum Kochen bringen
2 mittelgroße Zwiebeln abziehen, halbieren, mit
4 Lorbeerblättern
2 Teel. schwarzen Pfefferkörnern
2 Teel. gelben Senfkörnern
4 Pimentkörnern
2 Gewürznelken hinzufügen, etwa 5 Minuten kochen lassen
den Schweinebauch in die vorbereiteten Einkochgläser (S. 13 Punkt 1–2) füllen, so viel von der Essigbrühe darüber gießen, daß sie 1/3 über dem Fleisch steht
im übrigen die allgemeinen Einkochregeln S. 13 ab Punkt 3 beachten

Einkochzeit: 1 3/4 Stunden bei 98° C.

Rinderhack-Pastete

(Abb. nebenstehend)

2 3/4 kg mageres Hackfleisch vom Rind (kein Tatar) (für 4 Gläser von je 1 l Inhalt)
200 g entrindetes Weißbrot in
125 ml (1/8 l) Schlagsahne einweichen, gut ausdrücken
5 Zwiebeln abziehen, reiben
250 g durchwachsenen Speck in schmale Streifen schneiden
250 ml (1/4 l) Portwein oder Madeira
125 g zerlassenes Schweineschmalz
50 g grüne Pfefferkörner
die Zutaten gut mit dem Fleisch vermengen, kräftig mit
Salz
Pökelsalz
Pfeffer
gerebeltem Oregano
gerebeltem Basilikum
gerebeltem Thymian
Knoblauchsalz würzen, etwa 1 Stunde im Kühlschrank durchziehen lassen
das Fleisch in die vorbereiteten

Fortsetzung Seite 48

Einkochgläser (S. 13 Punkt 1–2) füllen

4 Gläser (je 2 cl) Weinbrand

den Weinbrand gleichmäßig über das Fleisch gießen
im übrigen die allgemeinen Einkochregeln S. 13 ab Punkt 3 beachten

Einkochzeit: 1½ Stunden bei 98° C.

Gefülltes Eisbein

4 kleine Eisbeine, Knochen ausgelöst (für 4 Gläser von je 1 l Inhalt) unter fließendem kaltem Wasser abspülen, trockentupfen
die gewaschenen Knochen in etwas Wasser, mit

Salz
1 Lorbeerblatt zum Kochen bringen, etwa 45 Minuten kochen lassen

250 g Hackfleisch (vom Schwein) mit
Pökelsalz
Pfeffer würzen, die Eisbeine damit füllen, in die vorbereiteten Einkochgläser (S. 13 Punkt 1–2) geben, so viel von der Kochbrühe darüber gießen, daß sie ⅓ über dem Eisbein steht
im übrigen die allgemeinen Einkochregeln S. 13 ab Punkt 3 beachten

Einkochzeit: 2½ Stunden bei 98° C.

Spargelstücke

Bruchspargel

3–4 kg Spargelstücke (für 4 Gläser von je 1 l Inhalt) waschen, schälen, darauf achten, daß die Schalen vollständig entfernt, die Köpfe aber nicht verletzt werden
den Spargel in 3–4 cm lange Stücke schneiden (holzige Teile vollkommen entfernen)
die Spargelstücke in eine Schüssel geben, mit kochendem Wasser übergießen, 10 Minuten darin ziehen lassen, abgießen
den Spargel in die vorbereiteten Einkochgläser (S. 12 Punkt 5–7) füllen, mit heißem Wasser übergießen
im übrigen die allgemeinen Einkochregeln S. 12 ab Punkt 8 beachten

Einkochzeit: 1½ Stunden bei 98° C.

Knoblauch-Gurken

Etwa 2½ kg kleine, feste Gurken (für 4 Gläser von je 1 l Inhalt) waschen, mit
Salzwasser (auf 1 l Wasser 75 g Salz) bedecken, 12–24 Stunden an einem kühlen Ort stehenlassen, danach sorgfältig bürsten, abspülen
die Gurken abtrocknen, schlechte Stellen entfernen

auf je 1 kg Gurken:
2 Teel. schwarze Pfefferkörner
4–6 abgezogene, zerdrückte Knoblauchzehen
6–8 getrocknete, rote Chilischoten
1 Teel. Dillkörner
2 Eßl. Gurkengewürz

die Gurken mit den Zutaten (Gewürz am besten im Mullbeutelchen) fest in die vorbereiteten Einkochgläser (S. 12 Punkt 5–7) schichten
für die Essig-Lösung

125 g Salz mit
25 g Zucker
1½ l Wasser zum Kochen bringen, kurz aufkochen lassen (Zucker muß sich vollständig auflösen), evtl. abschäumen

500 ml (½ l) Essig 5% hinzufügen, abkühlen lassen, über die Gurken gießen
im übrigen die allgemeinen Einkochregeln S. 12 ab Punkt 8 beachten

Einkochzeit: 25–30 Minuten bei 75° C.

Irish Stew

(für 4 Gläser von je 1 l Inhalt)

Von
750 g Weißkohl die äußeren Blätter entfernen, den Kopf vierteln, den Strunk herausschneiden, den Kohl in Streifen schneiden, waschen, gut abtropfen lassen

etwa 200 g Kartoffeln schälen, waschen, in Würfel schneiden

3 Zwiebeln abziehen, fein würfeln
1 Möhre putzen, schrappen, waschen, würfeln

500 g Hammelfleisch (ohne Fett und Knochen) unter fließendem kaltem Wasser abspülen, trockentupfen, in Würfel schneiden
die Zutaten abwechselnd fest in die vorbereiteten Einkochgläser (S. 12 Punkt 5–7) füllen

2 l Instant-Fleischbrühe zum Kochen bringen, mit
schwarzem Pfeffer
Kümmel
Salz würzen
2 Eßl. feingehackte Petersilie
1/4 Teel. gerebelten Thymian unterrühren, nach Belieben mit Salz, Pfeffer,
Streuwürze abschmecken, über Gemüse und Fleisch gießen
im übrigen die allgemeinen Einkochregeln S. 12 ab Punkt 8 beachten

Einkochzeit: 1½ Stunden bei 98° C.

Anmerkung: Irish Stew, eine aus der irischen Küche stammende Spezialität, wird in Deutschland – entgegen dem Originalrezept – zusätzlich mit Weißkohl gekocht.

Eingekochte Gans

1 küchenfertige Gans (etwa 4 kg, für 3–4 Gläser von je 1 l Inhalt)	unter fließendem kaltem Wasser abspülen, trockentupfen, das Fett herausnehmen, in Würfel schneiden, ausbraten die Gans für die Gläser passend in Portionsstücke schneiden, kräftig mit
grobem Salz **1 abgezogenen, zerdrückten Knoblauchzehe** **zerdrückten Pfefferkörnern** **gerebeltem Thymian** **gerebeltem Salbei**	einreiben, etwa 24 Stunden stehenlassen, ab und zu mit der sich bildenden Lake begießen, dabei die Fleischstücke auch wenden, herausnehmen, trockentupfen, die Gänsestücke in eine Rostbratpfanne legen, ausgebratenes Gänsefett,
750 ml ($^3/_4$ l) Wasser	hinzufügen, auf die untere Schiene in den Backofen schieben
Strom:	Etwa 150
Gas:	2–3 die Fleischstücke ab und zu mit dem Bratensatz begießen, verdampfte Flüssigkeit nach und nach ersetzen, etwa $2^1/_2$ Stunden schmoren lassen die heißen Gänsestücke in die vorbereiteten Einkochgläser (S. 13 Punkt 1–2) füllen den Bratensatz kräftig mit Salz, Thymian, Salbei,
Pfeffer	abschmecken, über die Gänsestücke gießen im übrigen die allgemeinen Einkochregeln S. 13 ab Punkt 3 beachten
Einkochzeit:	1 Stunde bei 98° C.
Tip:	Eingekochte Gans eignet sich gut für kalte Buffets, mit knackigen Salaten als leichtes Abendessen oder als Hauptzutat für Geflügelsalate. Noch vor gar nicht langer Zeit war Geflügel fast ausschließlich der Festtagstafel vorbehalten. Heute ist das Angebot so groß, daß Geflügel immer häufiger auf dem Mittags- und Abendbrottisch erscheint.

Puzßta-Hähnchen-Topf

(Abb. nebenstehend)

1 küchenfertiges Hähnchen (etwa 1 kg, für 3 Gläser von je 1 l Inhalt)	unter fließendem kaltem Wasser abspülen, trockentupfen, in etwa 10 Stücke schneiden
50 g Speiseöl	erhitzen, die Hähnchenteile von allen Seiten gut darin anbraten die heißen Fleischstücke aus dem Bratensatz nehmen, in die vorbereiteten Einkochgläser (S. 13 Punkt 1–2) füllen
2 Zwiebeln	abziehen, in Würfel schneiden
125 g Champignons	putzen, waschen, in Scheiben schneiden den Bratensatz erhitzen, die Zwiebelwürfel darin andünsten, die Champignonscheiben hinzufügen, durchdünsten lassen
125 g ausgepalte, gewaschene oder tiefgekühlte Erbsen	hinzufügen, dünsten lassen
3 Eßl. Tomatenmark	unterrühren, miterhitzen
150 g Langkornreis	mit
750 ml ($^3/_4$ l) heißem Wasser	hinzufügen, zum Kochen bringen, mit
Salz, Pfeffer **je 1 Teel. gehackten Basilikumblättchen und Rosmarinnadeln**	würzen, die Gemüse-Reis-Brühe gleichmäßig über das Fleisch gießen im übrigen die allgemeinen Einkochregeln S. 13 ab Punkt 3 beachten
Einkochzeit:	1 Stunde bei 98° C.

Bauern-Sülze

4 kg Schweinefleisch (Spitzbein, Eisbein, Kopffleisch, Schulter, Nacken, Schwänzchen) (für 4 Gläser von je 1 l Inhalt)	unter fließendem kaltem Wasser abspülen, mit
10 Lorbeerblättern **2 Eßl. Pimentkörnern (Nelkenpfeffer)**	

3 Eßl. Wacholderbeeren
2 Eßl. schwarzen Pfefferkörnern
10 Nelken
4 abgezogenen Zwiebeln
Salz in einen hohen Kochtopf geben, mit so viel Wasser auffüllen, daß das Fleisch bedeckt ist, die Hälfte von
1000 ml (1 l) Wein-Essig hinzugießen, zum Kochen bringen, abschäumen, $1^1/_2$ Stunden kochen lassen
das Fleisch von den Knochen lösen, Schwarten und Fett abschneiden, zusammen mit den Knochen nochmals in die Brühe geben, die Brühe nochmals kräftig mit Salz abschmecken, aufkochen lassen, durch ein Tuch gießen, mit dem restlichen Essig und nach Belieben mit Salz kräftig abschmecken
das Fleisch in Würfel schneiden, in die vorbereiteten Einkochgläser (S. 13 Punkt 1–2) füllen, die Brühe darüber gießen
im übrigen die allgemeinen Einkochregeln S. 13 ab Punkt 3 beachten
Einkochzeit: 45 Minuten bei 98° C.

Pfifferlinge

(Abb. nebenstehend)

Etwa $5^1/_2$ kg Pfifferlinge (für 4 Gläser von je 1 l Inhalt) putzen, gründlich waschen, kleinere ganz lassen, größere in Hälften oder Scheiben schneiden
die Pilze in 4 Portionen verarbeiten dazu jedesmal in den Kochtopf so viel Wasser geben, daß der Boden bedeckt ist
das Wasser zum Kochen bringen, $^1/_4$ der Pilzmenge hineingeben, im offenen Topf 10 Minuten schwach kochen lassen
die heißen Pilze mit einem Schaumlöffel in eines der vorbereiteten Einkochgläser (S. 12 Punkt 5–7) füllen
das Pilzkochwasser durch ein Sieb gießen, über die Pilze geben
im übrigen die allgemeinen Einkochregeln S. 12 ab Punkt 8 beachten

Einkochzeit: 1 Stunde bei 98° C.

Anmerkung: Zum Einkochen nur frische, junge Pilze verwenden.

Steinpilze

Von **etwa 4 kg frischen, jungen Pilzen (für 4 Gläser von je 1 l Inhalt)** die braune Haut abziehen, die Röhren entfernen
die Pilze waschen, kleine ganz lassen, größere in Viertel, Achtel oder in Scheiben schneiden
die Pilze in **kochendes Wasser** geben, gut 4 Minuten darin ziehen lassen, damit sie weiß bleiben, mit einem Schaumlöffel in die vorbereiteten Einkochgläser (S. 12 Punkt 5–7) füllen
das Pilzkochwasser durch ein Sieb gießen, über die Pilze geben
im übrigen die allgemeinen Einkochregeln S. 12 ab Punkt 8 beachten

Einkochzeit: 1 Stunde bei 98° C.

Anmerkung: Zum Einkochen nur frische, junge Pilze verwenden.

Süß-saure Champignons

1 kg Champignons putzen, waschen, in **kochendes Salzwasser** geben, zum Kochen bringen,

3–4 Minuten kochen lassen, mit kaltem Wasser übergießen, gut abtropfen lassen

10 Zwiebeln abziehen, in Scheiben schneiden
Champignons und Zwiebelscheiben in die vorbereiteten Einkochgläser (S. 12 Punkt 5–7) füllen

für die Essig-Zucker-Lösung

250 ml ($^1/_4$ l) Weißwein-Essig mit **500 ml ($^1/_2$ l) Wasser**, **60 g Zucker**, **30 g Salz**, **1 Päckchen Einmach-Gewürz** zum Kochen bringen, über die Pilze

geben
im übrigen die allgemeinen Einkochregeln S. 12 ab Punkt 8 beachten

Einkochzeit: 30 Minuten bei 140° C.

Champignons

Etwa $3^1/_2$ kg Champignons (für 4 Gläser von je 1 l Inhalt) putzen (Lamellen nicht entfernen), waschen, Zucht-Champignons nur waschen
die Pilze in 4 Portionen verarbeiten
dazu jedesmal in den Kochtopf so viel Wasser geben, daß der Boden bedeckt ist
das Wasser zum Kochen bringen, $^1/_4$ der Pilzmenge hineingeben, im offenen Topf etwa 10 Minuten schwach kochen lassen
die heißen Pilze mit einem Schaumlöffel in eines der vorbereiteten Einkochgläser (S. 12 Punkt 5–7) füllen
das Pilzkochwasser durch ein Sieb gießen, über die Pilze geben
im übrigen die allgemeinen Einkochregeln S. 12 ab Punkt 8 beachten

Einkochzeit: 1 Stunde bei 98° C.

Dicke Bohnen

10–12 kg Bohnen mit Schoten (für 4 Gläser von je 1 l Inhalt)	auspalen, waschen, in
kochendes Salzwasser (auf 1 l Wasser 10 g Salz)	geben, zum Kochen bringen, kurz kochen lassen die Bohnen auf ein Sieb geben, kurz in kaltes Wasser tauchen, in die vorbereiteten Einkochgläser (S. 12 Punkt 5–7) füllen die Bohnen mit dem Kochwasser übergießen im übrigen die allgemeinen Einkochregeln S. 12 ab Punkt 8 beachten
Einkochzeit:	1½ Stunden bei 98° C.

Kürbis, würzig

Etwa 4 kg Kürbis (für 4 Gläser von je 1 l Inhalt	schälen, das Mark mit einem Löffel auskratzen den Kürbis mit dem Buntschneidemesser in kleine Würfel schneiden, in eine Schüssel geben
Wein-Essig und Wasser (auf je 1 kg Kürbis, vorbereitet gewogen, 125 ml (1/8 l) Essig und 125 ml (1/8 l) Wasser)	mischen, über den Kürbis gießen, mit einem Tuch bedeckt über Nacht an einem kühlen Ort stehenlassen, den Kürbis mit einem Schaumlöffel herausnehmen, gut abtropfen lassen *für die Essig-Zucker-Lösung*
500 g Zucker	mit
375 ml (3/8 l) Wein-Essig 375 ml (3/8 l) Wasser 4 Gewürznelken 20 g schwarzen Pfefferkörnern 4 Lorbeerblättern 2 abgezogenen, grob gehackten Knoblauchzehen 4 getrockneten roten Chilischoten	zum Kochen bringen, den Kürbis nach und nach darin glasig kochen (nicht zu weich werden lassen), in die vorbereiteten Einkochgläser (S. 12 Punkt 5–7) füllen die Essig-Zucker-Lösung abkühlen lassen, über den Kürbis gießen im übrigen die allgemeinen Einkochregeln S. 12 ab Punkt 8 beachten
Einkochzeit:	30 Minuten bei 75° C.

Sauerbraten

750 g Rindfleisch (aus der Keule, ohne Knochen, für 1 Glas von 1 l Inhalt)	das Fleisch so schneiden, daß es in das Einkochglas paßt, unter fließendem kaltem Wasser abspülen, trockentupfen, in eine Schüssel legen *für die Marinade*
1 mittelgroße Zwiebel	abziehen, in Scheiben schneiden
1 Bund Suppengrün	putzen, waschen, kleinschneiden die Zutaten mit
15 Pfefferkörnern 5 Pimentkörnern (Nelkenpfeffer) 1 Lorbeerblatt	zu dem Fleisch geben
250 ml (1/4 l) Essig	mit
375 ml (3/8 l) Wasser	verdünnen, über das Fleisch gießen (Fleisch muß bedeckt sein), zugedeckt etwa 4 Tage an einem kühlen Ort stehenlassen, das Fleisch ab und zu wenden das genügend gesäuerte Fleisch aus der Marinade nehmen, trockentupfen, die Marinade durch ein Sieb giessen, 125 ml (1/8 l) davon abmessen, mit
250 ml (1/4 l) heißem Wasser	vermengen
50 g Pflanzenfett	erhitzen, das Fleisch von allen Seiten gut darin anbraten, mit
Salz, Pfeffer	würzen, das abgetropfte Suppengrün hinzufügen, mitbraten lassen etwas von der abgemessenen Flüssigkeit zu dem Fleisch gießen, das Fleisch etwa 1 Stunde schmoren lassen, von Zeit zu Zeit wenden, verdampfte Flüssigkeit nach und nach ersetzen den heißen Sauerbraten in das vorbereitete Einkochglas (S. 13 Punkt 1–2) füllen, den Bratensatz mit Salz, Pfeffer, Zucker abschmekken, über das Fleisch gießen im übrigen die allgemeinen Einkochregeln S. 13 ab Punkt 3 beachten
Einkochzeit:	2 Stunden bei 98° C.

Wildsülze in Portwein-Gelee

750 g Wildfleisch (Reh-, Hirschfleisch, vom Hals oder Blatt, für 1 Glas von 1 l Inhalt) unter fließendem kaltem Wasser abspülen
500 ml (1/2 l) Wasser mit
250 ml (1/4 l) trockenem Weißwein zum Kochen bringen
1 Zwiebel abziehen, mit
1 Lorbeerblatt
2 Gewürznelken spicken
die Zutaten mit
5 Pimentkörnern
5 Wacholderbeeren
5 schwarzen-Pfefferkörnern
1/2 Teel. gerebeltem Thymian
1/2 Teel. gerebeltem Salbei
einigen Rosmarinnadeln in die Flüssigkeit geben, das Fleisch hinzufügen, zum Kochen bringen, etwa 1 1/2 Stunden kochen lassen, in der Brühe erkalten lassen, herausnehmen, in Würfel schneiden
die Brühe durch ein Tuch gießen, erkalten lassen, 375 ml (3/8 l) davon abmessen
1 Päckchen Gelatine gemahlen, weiß mit 3 Eßl. von der Brühe anrühren, 10 Minuten zum Quellen stehenlassen, die Brühe zum Kochen bringen, von der Kochstelle nehmen, die Gelatine hinzugeben, so lange rühren, bis sie gelöst ist
1 Eßl. Weinbrand
125 ml (1/8 l) Portwein unterrühren, kräftig mit
Salz
Pfeffer abschmecken
die Fleischwürfel mit
50 g abgezogenen Pistazien in die vorbereiteten Einkochgläser (S. 13 Punkt 1–2) füllen, mit dem Aspik (Brühe) übergießen
im übrigen die allgemeinen Einkochregeln S. 13 ab Punkt 3 beachten

Einkochzeit: 45 Minuten bei 98° C.

Heide-Frühstück

3 kg Hackfleisch vom Schwein (für 4 Gläser von je 1 l Inhalt)	mit
Pökelsalz schwarzem Pfeffer (aus der Mühle) gerebeltem Majoran gerebeltem Thymian gemahlenem Piment gemahlenem Koriander geriebener Muskatnuß	würzen
250 g Zwiebeln	abziehen, reiben, mit dem Fleisch gut vermengen das Fleisch in die vorbereiteten Einkochgläser (S. 13 Punkt 1–2) füllen, auf einen Rost in die Mitte des kalten Backofens schieben, Gläser geöffnet lassen
Strom:	225 , **Gas:** 3–4 die gefüllten Gläser etwa 45 Minuten erhitzen, bis die Oberfläche des Fleisches braun gebraten ist, abkühlen lassen nach dem Erkalten die Einkochgläser verschließen im übrigen die allgemeinen Einkochregeln S. 13 ab Punkt 3 beachten
Einkochzeit:	1½ Stunden bei 98° C.

Poularden-Paprika-Sülze

1 küchenfertige Poularde (etwa 1¼ kg, für 2 Gläser von je 1 l Inhalt)	unter fließendem kaltem Wasser abspülen, in
2 l kochendes Salzwasser	geben, zum Kochen bringen
1 Bund Suppengrün	putzen, waschen, hinzufügen die Poularde in etwa 45 Minuten gar kochen, aus der Brühe nehmen, das Fleisch von den Knochen lösen, die Haut entfernen, das Fleisch in Würfel schneiden die Brühe durch ein Tuch gießen, erkalten lassen, entfetten, 250 ml (¼ l) davon abmessen
1 Päckchen Gelatine gemahlen, weiß	mit
3 Eßl. kaltem Wasser	anrühren, 10 Minuten zum Quellen stehenlassen die abgemessene Brühe zum Kochen bringen, von der Kochstelle nehmen, die Gelatine hinzugeben, so lange rühren, bis sie gelöst ist
125 ml (⅛ l) Weißwein	hinzugießen, mit
Salz, Pfeffer Zucker Streuwürze	kräftig würzen
2 rote Paprikaschoten	halbieren, entstielen, entkernen, die weißen Scheidewände entfernen, die Schoten waschen, in kleine Würfel schneiden, in
Salzwasser	geben, zum Kochen bringen, etwa 5 Minuten kochen lassen, abgießen, gut abtropfen lassen, die Poularden- und Paprikawürfel in die vorbereiteten Einkochgläser (S. 13 Punkt 1–2) füllen Aspik (Brühe) über das Fleisch gießen im übrigen die allgemeinen Einkochregeln S. 13 ab Punkt 3 beachten
Einkochzeit:	45 Minuten bei 98° C.

Geschmorte Rinderhaxe im Gemüsesud

(Abb. nebenstehend)

4 kleine Beinscheiben (je 700–750 g, für 4 Gläser von je 1 l Inhalt)	unter fließendem kaltem Wasser abspülen, trockentupfen
50 g Pflanzenfett	erhitzen, das Fleisch von allen Seiten gut darin anbraten
2 Zwiebeln	abziehen, halbieren, in Scheiben schneiden
1–2 Stangen Porree ¼ Sellerieknolle 2 Möhren	das Gemüse putzen (Porree längs halbieren), waschen, in feine Streifen schneiden, mit
2 Eßl. Tomatenmark	zu dem Fleisch geben, mitbraten lassen, mit
Salz Pfeffer gerebeltem Thymian	würzen
1000 ml (1 l) heißes Wasser	hinzufügen, zum Kochen bringen etwa 5 Minuten kochen lassen

Fortsetzung Seite 58

	die Knochen aus dem Fleisch herauslösen, das heiße Fleisch in die vorbereiteten Einkochgläser (S. 13 Punkt 1–2) füllen, die Knochen auf das Fleisch legen
	die Fleisch-Gemüse-Brühe mit Salz, Pfeffer,
Streuwürze	abschmecken, gleichmäßig über das Fleisch (Knochen) gießen
	im übrigen die allgemeinen Einkochregeln S. 13 ab Punkt 3 beachten
Einkochzeit:	2 Stunden bei 98° C.

Chili con carne

(Abb. nebenstehend)

750 g getrocknete Braune oder Rote Bohnen (für 4 Gläser von je 1 l Inhalt)	12–24 Stunden in
kaltem Wasser	einweichen
1 kg Rindfleisch	unter fließendem kaltem Wasser abspülen, trockentupfen, in Würfel schneiden
50 g Pflanzenfett	erhitzen, das Fleisch von allen Seiten gut darin anbraten
	das heiße Fleisch mit den gut abgetropften Bohnen gleichmäßig in die vorbereiteten Einkochgläser (S. 12 Punkt 5–7) füllen
50 g Pflanzenfett	in dem Bratensatz erhitzen
1 rote Paprikaschote	halbieren, entstielen, entkernen, die weißen Scheidewände entfernen, die Schote waschen, in kleine Würfel schneiden
4 Zwiebeln	abziehen, fein würfeln
	die beiden Zutaten in dem Bratfett dünsten lassen
4 Eßl. Tomatenmark 5 enthäutete Tomaten	hinzufügen, mitdünsten lassen
$1^1/_2$ l Instant-Fleischbrühe	zufügen, zum Kochen bringen, mit
$1^1/_2$ gehäuften Teel. Chilipulver 3 Eßl. Paprika edelsüß Salz, Pfeffer	würzen
1 Eßl. frisch gehacktes Basilikum 1 abgezogene, zerdrückte Knoblauchzehe	unterrühren, nochmals kräftig mit den Gewürzen abschmecken, über das Fleisch und die Bohnen gießen
	im übrigen die allgemeinen Einkochregeln S. 12 ab Punkt 8 beachten
Einkochzeit:	$3^1/_2$ Stunden bei 98° C.

Mittelmeer-Pickles

(für 4 Gläser von je 1 l Inhalt)

1 kg Auberginen	von den Stengelansätzen befreien, waschen, in Würfel schneiden, mit
Salz	bestreuen, etwa 30 Minuten ziehen lassen, zwischen ein Tuch legen, leicht auspressen
1 kg Zucchini	von den Stengelansätzen befreien, evtl. schälen, in Scheiben schneiden
500 g rote Paprikaschoten	halbieren, entstielen, entkernen, die weißen Scheidewände entfernen, die Schoten waschen, in Streifen schneiden
250 g kleine Zwiebeln	abziehen, vierteln
1 Fenchelknolle	putzen, waschen, in Würfel schneiden das Gemüse mit
2 Eßl. gehackten Oreganoblättchen	
2 Eßl. gehackten Basilikumblättchen	
8 Lorbeerblättern	
2 Eßl. Pfefferkörnern	
Salbeiblättchen	
4 abgezogenen, feingehackten Knoblauchzehen	fest in die vorbereiteten Einkochgläser (S. 12 Punkt 5–7) schichten *für das Essigwasser*
500 ml ($^1/_2$ l) Wasser	mit
250 ml ($^1/_4$ l) Wein-Essig	
Zucker	
Pfeffer	zum Kochen bringen
125 ml ($^1/_8$ l) Olivenöl	hinzufügen, evtl. nochmals kräftig mit Salz, Pfeffer, Zucker abschmecken, gleichmäßig über das Gemüse gießen im übrigen die allgemeinen Einkochregeln S. 12 ab Punkt 8 beachten
Einkochzeit:	45 Minuten bei 98° C.

Dill-Gurken

Etwa 2½ kg kleine, feste Gurken (für 4 Gläser von je 1 l Inhalt)	waschen, mit
Salzwasser (auf 1 l Wasser 75 g Salz)	bedecken, 12–24 Stunden an einem kühlen Ort stehenlassen, danach sorgfältig bürsten, abspülen, die Gurken abtrocknen, schlechte Stellen entfernen
auf 1 kg Gurken: 100 g Perlzwiebeln	abziehen, waschen
4 gewaschene Dilldolden ½ Teel. Dillkörner	
	die Gurken mit den Zutaten fest in die vorbereiteten Einkochgläser (S. 12 Punkt 5–7) schichten *für die Essig-Salz-Lösung*
75 g Salz	mit
1½ l Wasser	zum Kochen bringen, kurz aufkochen lassen
125 ml (⅛ l) Essig	hinzufügen, abkühlen lassen, über die Gurken gießen im übrigen die allgemeinen Einkochregeln S. 12 ab Punkt 8 beachten
Einkochzeit:	25–30 Minuten bei 75° C.

Kohlrouladen

	Von
1 Kopf Weißkohl oder Wirsing (8–12 Rouladen, für 4 Gläser von je 1 l Inhalt)	die schlechten äußeren Blätter entfernen, den Strunk herausschneiden, den Kopf kurze Zeit in
kochendes Salzwasser	legen, bis sich die äußeren Blätter lösen, diesen Vorgang wiederholen, bis die Blätter alle gelöst sind, abtropfen lassen die dicken Rippen flachschneiden *für die Füllung*
1 Brötchen	in kaltem Wasser einweichen, gut ausdrücken
1 mittelgroße Zwiebel	abziehen, würfeln
1 Ei	die Zutaten mit
400 g Gehacktem (halb Rind-, halb Schweinefleisch)	vermengen, mit
Salz Pfeffer	würzen 2–3 große Kohlblätter übereinander legen, einen Teil der Füllung darauf geben, die Blätter aufrollen die Rouladen mit Küchengarn umwickeln oder mit Rouladennadeln zusammenhalten
50 g Speiseöl	erhitzen, die Rouladen von allen Seiten gut darin bräunen, herausnehmen, die Fäden (Nadeln) entfernen die noch heißen Rouladen in die vorbereiteten Einkochgläser (S. 13 Punkt 1–2) füllen
3 Eßl. Tomatenmark	zu dem Bratensatz geben, kurze Zeit miterhitzen
1½ l heiße Instant-Fleischbrühe oder Wasser	hinzugießen, zum Kochen bringen, mit Salz, Pfeffer,
Zucker gerebeltem Oregano gerebeltem Basilikum	abschmecken, die Flüssigkeit über die Kohlrouladen gießen im übrigen die allgemeinen Einkochregeln S. 13 ab Punkt 3 beachten
Einkochzeit:	1¼ Stunden bei 98° C.

Pfeffer-Rippchen

(Abb. nebenstehend)

2–2½ kg Schweinerippchen (Schälrippchen) (für 4 Gläser von je 1 l Inhalt)	für die Gläser passend in Portionsstücke schneiden, unter fließendem kaltem Wasser abspülen, trockentupfen, mit
Salz grob gemahlenem schwarzem Pfeffer gerebeltem Majoran	einreiben
4 Zwiebeln	abziehen, vierteln

2 Eßl. Pflanzenfett erhitzen, die Rippchen portionsweise gleichmäßig darin anbraten, jeweils 1 geviertelte Zwiebeln mitbräunen lassen
die noch heißen Rippchen in die vorbereiteten Einkochgläser (S. 13 Punkt 1–2) füllen
den Bratensatz mit etwas Wasser loskochen
1 l heißes Wasser mit
4 Lorbeerblättern
2 Teel. grobgemahlenem schwarzem Pfeffer
20 g gelben Senfkörnern
4 Pimentkörnern hinzufügen, kurze Zeit miterhitzen, mit Salz,
Streuwürze
Zucker abschmecken, gleichmäßig über die Rippchen gießen
im übrigen die allgemeinen Einkochregeln S. 13 ab Punkt 3 beachten
Einkochzeit: 1½ Stunden bei 98° C.

Broccoli

3 kg Broccoli (für 4 Gläser von je 1 l Inhalt) putzen, waschen, in Stücke teilen, in
kochendes Salzwasser geben, zum Kochen bringen, etwa 3 Minuten kochen lassen
den Broccoli zum Abtropfen auf ein Sieb geben, in die vorbereiteten Einkochgläser (S. 12 Punkt 5–7) füllen
heißes Salzwasser mit
geriebener Muskatnuß würzen, über die Broccoli gießen
im übrigen die allgemeinen Einkochregeln S. 12 ab Punkt 8 beachten
Einkochzeit: 1 Stunde bei 98° C.
Tip: Broccoli – Spargelkohl. Von diesem schmackhaften Gemüse italienischer Herkunft werden sowohl die Broccoli-Röschen als auch die Broccoli-Stiele gegessen. Broccoli – eine geschmackliche Mischung aus Blumenkohl und Spargel – schmeckt besonders gut als Beilage zu kurzgebratenem Kalb- und Schweinefleisch, aber auch als Auflauf oder, in Butter gedünstet, als Vorspeise mit hartgekochtem Ei bestreut.

Eingekochte Ente in Orangensud

1 große küchenfertige Ente (etwa 2 kg, für 2 Gläser von je 1 l Inhalt) unter fließendem kaltem Wasser abspülen, trockentupfen, innen mit
Salz einreiben, mit dem Rücken nach unten auf eine mit Wasser ausgespülte Rostbratpfanne legen, auf die untere Schiene in den Backofen schieben
Strom: 200–225, **Gas:** 3–4

während des Bratens ab und zu unterhalb der Flügel und Keulen der Ente stechen, damit das Fett besser ausbraten kann
nach 30 Minuten Bratzeit, das sich angesammelte Fett abschöpfen
sobald der Bratensatz bräunt, etwas
heißes Wasser hinzugießen, die Ente ab und zu mit dem Bratensatz begießen, verdampfte Flüssigkeit nach und nach ersetzen, etwa 1½ Stunden braten lassen, kurz vor der Beendigung der

Bratzeit die Ente mit dem

Saft von 2 Orangen übergießen
die gare Ente für die Gläser passend in Portionsstücke schneiden, heiß in die vorbereiteten Einkochgläser (S. 13 Punkt 1–2) füllen
den Bratensatz kräftig mit Salz,

Pfeffer abschmecken, über die Ente gießen
im übrigen die allgemeinen Einkochregeln S. 13 ab Punkt 13 beachten

Einkochzeit: 1 Stunde bei 98° C.

Mett

3 kg Hackfleisch (vom Schwein, für 4 Gläser von je 1 l Inhalt) mit

Pökelsalz, Pfeffer würzen

3 große Zwiebeln abziehen, reiben, mit dem Fleisch gut vermengen
das Fleisch in die vorbereiteten Einkochgläser (S. 13 Punkt 1–2) füllen
im übrigen die allgemeinen Einkochregeln S. 13 ab Punkt 3 beachten

Einkochzeit: $1^1/_2$ Stunden bei 98° C.

Pfeffer-Sülze

3 kg Schweinenacken oder Schweineschulter (ohne Knochen, für 4 Gläser von je 1 l Inhalt) unter fließendem kaltem Wasser abspülen, trockentupfen, mit

Pökelsalz bestreuen, zugedeckt etwa 24 Stunden an einem kühlen Ort stehenlassen, ab und zu wenden, mit der sich bildenden Flüssigkeit übergießen, das Fleisch unter fließendem kaltem Wasser abspülen, mit

10 Lorbeerblättern
1 Eßl. Pimentkörnern (Nelkenpfeffer)
1 Eßl. Wacholderbeeren
2 Eßl. schwarzen Pfefferkörnern
Salz in einen hohen Kochtopf geben, mit so viel Wasser auffüllen, daß das Fleisch bedeckt ist
die Hälfte von

500 ml ($^1/_2$ l) Wein-Essig hinzugießen, zum Kochen bringen, abschäumen, $1^1/_2$ Stunden kochen lassen
das Fleisch in Würfel schneiden, in die vorbereiteten Einkochgläser (S. 13 Punkt 1–2) füllen
die Brühe durch ein Tuch gießen, den restlichen Essig dazugeben, $1^1/_2$ l von der Flüssigkeit abmessen (evtl. mit Wasser auffüllen), zum Kochen bringen

3 Päckchen Gelantine gemahlen, weiß mit

9 Eßl. kaltem Wasser anrühren, 10 Minuten zum Quellen stehenlassen, in die von der Kochstelle genommene Brühe geben, so lange rühren, bis sie gelöst ist

100 g grüne Pfefferkörner hinzufügen, mit Salz,

Pfeffer
Wein-Essig kräftig abschmecken, über das Fleisch gießen
im übrigen die allgemeinen Einkochregeln S. 13 ab Punkt 3 beachten

Einkochzeit: 45 Minuten bei 98° C.

Bauernleber-Pastete

(für 4 Gläser von je 1 l Inhalt)

1 kg Schweineleber unter fließendem kaltem Wasser abspülen, trockentupfen, durch die grobe Scheibe des Fleischwolfs drehen, mit

1 kg Schweinemett vermengen, mit

Salz, Pökelsalz
Kräutern der Provence würzen

2 Eier
5 Eßl. Weinbrand
125 ml ($^1/_8$ l) Schlagsahne hinzufügen, alles gut miteinander vermengen
die Zutaten nochmals mit einem elektrischen Handrührgerät mit Pürierstab oder im Mixer fein pürieren

500 g durchwachsenen Speck in kleine Würfel schneiden, unter die Fleischmasse mengen, in die vorbereiteten Einkochgläser (S. 13 Punkt 1–2) füllen
im übrigen die allgemeinen Einkochregeln S. 13 ab Punkt 3 beachten

Einkochzeit: $1^1/_2$ Stunden bei 98° C.

Essig-Gurken

Etwa 2½ kg kleine, feste Gurken (für 4 Gläser von je 1 l Inhalt) waschen, mit
Salzwasser (1 l Wasser 75 g Salz) bedecken, 12–24 Stunden an einem kühlen Ort stehenlassen, danach sorgfältig bürsten, abspülen
die Gurken abtrocknen, schlechte Stellen entfernen

auf je 1 kg Gurken:
150 g Perlzwiebeln abziehen, waschen
2 Teel. Gurkengewürz
gewaschene Dilldolden
Gurken, Zwiebeln, Gewürz, Dilldolden fest in die vorbereiteten Einkochgläser (S. 12 Punkt 5–7) schichten
für die Essig-Zucker-Lösung
200 g Kandiszucker mit
1 l Wasser zum Kochen bringen, kurz aufkochen lassen (Zucker muß sich vollständig lösen), abschäumen
500 ml (½ l) Wein-Essig hinzufügen, abkühlen lassen, über die Gurken gießen
im übrigen die allgemeinen Einkochregeln S. 12 ab Punkt 8 beachten
Einkochzeit: 25–30 Minuten bei 75° C.

Würz-Gurken

2–2½ kg kleine bis mittelgroße, feste Gurken (für 4 Gläser von je 1 l Inhalt) waschen, mit
Salzwasser (auf 1 l Wasser 75 g Salz) bedecken, 12–24 Stunden an einem kühlen Ort stehenlassen, danach sorgfältig bürsten, abspülen
die Gurken abtrocknen, schlechte Stellen entfernen

auf je 1 kg Gurken:
125 g kleine Perlzwiebeln
4 Stücke Meerrettich
5 getrocknete, rote Chilischoten
2 Lorbeerblätter
4 Gewürznelken
4 Stengel gewaschenen Estragon
2 Eßl. Gurkengewürz
die Gurken mit den Zutaten fest in die vorbereiteten Einkochgläser (S. 12 Punkt 5–7) schichten
für die Essig-Zucker-Lösung
75 g Zucker mit
750 ml (¾ l) Wasser zum Kochen bringen, kurz aufkochen lassen (Zucker muß sich vollständig lösen) abschäumen
750 ml (¾ l) Obst-Essig (5%)
100 g Salz hinzufügen, abkühlen lassen, über die Gurken gießen
im übrigen die allgemeinen Einkochregeln S. 12 ab Punkt 8 beachten
Einkochzeit: 25–30 Minuten bei 75° C.

Schweinerücken in Orangensud

(Abb. nebenstehend)

1–1½ kg Schweinerücken mit Rippenknochen (für 4 Gläser von je 1 l Inhalt) in 4 gleichgroße Stücke schneiden, so daß sie in die Einkochgläser passen, unter fließendem kaltem Wasser abspülen, trockentupfen, mit
Salz, Pfeffer geriebener Muskatnuß würzen
50 g Pflanzenfett erhitzen, das Fleisch von allen Seiten gut darin anbraten
sobald der Bratensatz bräunt, etwas von
250 ml (¼ l) heißem Wasser
250 ml (¼ l) Orangensaft hinzufügen, das Fleisch ab und zu mit dem Bratensatz begießen, etwa 30 Minuten schmoren lassen, verdampfte Flüssigkeit nach und nach mit der restlichen Flüssigkeit ersetzen, das heiße Fleisch in die vorbereiteten Einkochgläser (S. 13 Punkt 1–2) füllen
abgeriebene Orangenschale zu dem Bratensatz geben, evtl. nochmals mit Flüssigkeit auffüllen, mit Salz, Pfeffer,
Weinbrand abschmecken, über das Fleisch gießen, im übrigen die allgemeinen Einkochregeln S. 13 ab Punkt 3 beachten
Einkochzeit: 1¾ Stunden bei 98° C.

Rinder-Schmorbraten

750 g Rindfleisch (aus der Keule, ohne Knochen, für 1 Glas von 1 l Inhalt)
das Fleisch so schneiden, daß es in das Einkochglas paßt, unter fließendem kaltem Wasser abspülen, trockentupfen

50 g Pflanzenfett erhitzen, das Fleisch von allen Seiten gut darin anbraten

2 Zwiebeln abziehen, vierteln, dazugeben, mitdünsten, mit

Salz, Pfeffer gemahlenem Zimt würzen
sobald der Bratensatz bräunt, etwas von

125 ml (1/8 l) heißem Wasser 250 ml (1/4 l) Rotwein hinzugießen, das Fleisch ab und zu mit dem Bratensatz begießen, etwa 1 Stunde schmoren lassen, verdampfte Flüssigkeit nach und nach ersetzen
den heißen Rinderschmorbraten in das vorbereitete Einkochglas (S. 13 Punkt 1–2) füllen, den Bratensatz mit Salz, Pfeffer abschmecken, über das Fleisch gießen
im übrigen die allgemeinen Einkochregeln S. 13 ab Punkt 3 beachten

Einkochzeit: 2 Stunden bei 98° C.

Salbei-Rippchen

2–2 1/2 kg dicke Schweinerippe (für 4 Gläser von je 1 l Inhalt) für die Gläser passend in Portionsstücke schneiden, unter fließendem kaltem Wasser abspülen, trockentupfen, mit

Salz, Pfeffer gehackten Salbeiblättchen einreiben

4 Zwiebeln abziehen, vierteln

2 Eßl. Pflanzenfett erhitzen, die Rippchen portionsweise darin anbraten, jeweils 1 geviertelte Zwiebel mitbräunen lassen
die noch heißen Rippchen in die vorbereiteten Einkochgläser (S. 13 Punkt 1–2) füllen
den Bratensatz mit Wasser loskochen

1 l heißes Wasser mit

4 Lorbeerblättern 1 Teel. weißen Pfefferkörnern 1 Eßl. gehackten Salbeiblättchen hinzufügen, kurze Zeit miterhitzen, mit Salz, Pfeffer,

Streuwürze Zucker abschmecken, gleichmäßig über die Rippchen gießen
im übrigen die allgemeinen Einkochregeln S. 13 ab Punkt 3 beachten

Einkochzeit: 2 Stunden bei 98° C.

Eingekochter Kürbis, pikant

Etwa 4 kg Kürbis (für 4 Gläser von je 1 l Inhalt) schälen, das Mark mit einem Löffel auskratzen
den Kürbis mit dem Buntschneidemesser in kleine Würfel schneiden, in eine Schüssel geben

Wein-Essig und Wasser (auf je 1 kg Kürbis, vorbereitet gewogen, 125 ml (1/8 l) Essig und 125 ml (1/8 l) Wasser) mischen, über den Kürbis gießen, mit einem Tuch bedeckt über Nacht an einem kühlen Ort stehenlassen
den Kürbis mit einem Schaumlöffel herausnehmen, gut abtropfen lassen
für die Essig-Zucker-Lösung

1500 g (1 1/2 kg) Zucker mit

375 ml (3/8 l) Wein-Essig 375 ml (3/8 l) Wasser) Saft und Schale von 1/2 Zitrone (unbehandelt) 1 kleines Stück geschälte Ingwerwurzel zum Kochen bringen, den Kürbis nach und nach darin glasig kochen (nicht zu weich werden lassen), in die vorbereiteten Einkochgläser (S. 12 Punkt 5–7) füllen
die Essig-Zucker-Lösung abkühlen lassen, über den Kürbis gießen
im übrigen die allgemeinen Einkochregeln S. 12 ab Punkt 8 beachten

Einkochzeit: 30 Minuten bei 75° C.

Rotkohl-Rouladen

Von
1 Kopf Rotkohl (8–12 Rouladen, für 4 Gläser von je 1 l Inhalt) die äußeren Blätter entfernen, den Strunk herausschneiden, den Kopf kurze Zeit in
kochendes Salzwasser legen, bis sich die äußeren Blätter lösen, diesen Vorgang wiederholen, bis die Blätter alle gelöst sind, abtropfen lassen
die dicken Rippen flachschneiden

für die Füllung
1 Brötchen in kaltem Wasser einweichen, gut ausdrücken
1 mittelgroße Zwiebel abziehen, würfeln
1 Ei
die Zutaten mit
400 g Gehacktem (halb Rind-, halb Schweinefleisch) vermengen, mit
Salz
Pfeffer würzen

2–3 große Kohlblätter übereinanderlegen, einen Teil der Füllung darauf geben, die Blätter aufrollen
die Rouladen mit Küchengarn umwickeln oder mit Rouladennadeln zusammenhalten
50 g Speiseöl erhitzen, die Rouladen von allen Seiten gut darin bräunen, herausnehmen, die Fäden (Nadeln) entfernen
die noch heißen Rouladen in die vorbereiteten Einkochgläser (S. 13 Punkt 1–2) füllen
3 Eßl. Tomatenmark zu dem Bratensatz geben, kurze Zeit miterhitzen
1½ l heiße Instant-Fleischbrühe oder Wasser hinzugießen, zum Kochen bringen, mit Salz, Pfeffer,
Zucker
gerebeltem Oregano
gerebeltem Basilikum
gemahlenem Zimt
2 Gewürznelken abschmecken, über die Kohlrouladen gießen
im übrigen die allgemeinen Einkochregeln S. 13 ab Punkt 3 beachten

Einkochzeit: 1¼ Stunden bei 98° C.

Pot-au-feu

(Abb. nebenstehend)

500 g zerkleinerte Mark- oder Fleischknochen	unter fließendem kaltem Wasser abspülen, in
2 l kaltes Salzwasser	geben, zum Kochen bringen
4 Lorbeerblätter	
1 Teel. schwarze Pfefferkörner	hinzufügen, 1–1½ Stunden kochen lassen
1 kg Rindfleisch (Brust oder Schulter ohne Knochen)	
½ kg Kalbfleisch (Brust oder Schulter ohne Knochen) (für 4 Gläser von je 1 l Inhalt)	
	das Fleisch unter fließendem kaltem Wasser abspülen, trockentupfen, in Würfel schneiden
4 Möhren	putzen, schrappen
1 Petersilienwurzel	putzen
2 Kohlrabi	schälen
¼ Sellerieknolle	schälen
2–3 Stangen Porree	putzen, längs halbieren das Gemüse waschen, in grobe Würfel, Porree in dicke Scheiben schneiden
4 Zwiebeln	abziehen
4 große Kartoffeln	schälen, waschen die beiden Zutaten in grobe Würfel schneiden das Fleisch mit dem Gemüse fest in die vorbereiteten Einkochgläser (S. 12 Punkt 5–7) schichten
gerebelten Thymian	
2 Teel. feingehackte Petersilie	auf die 4 Gläser verteilen die Knochenbrühe durch ein Sieb gießen (Lorbeerblätter und Pfefferkörner mit verwenden), 1½ l davon abmessen (evtl. mit Wasser auffüllen), zum Kochen bringen, kräftig mit
Salz, Pfeffer Streuwürze	abschmecken, über das Fleisch und Gemüse gießen im übrigen die allgemeinen Einkochregeln S. 12 ab Punkt 8 beachten
Einkochzeit:	2 Stunden bei 98° C.

Rote Bete

Rote Rüben

	Von
20 mittelgroßen Knollen Rote Bete (für 4 Gläser von je 1 l Inhalt)	Wurzeln und Blätter etwa 3 cm hoch über den Knollen abschneiden, damit sie während des Kochens nicht ausgelaugt werden die Knollen mit einer Bürste unter fließendem kaltem Wasser reinigen, in

kochendes Salzwasser (auf 1 l Wasser 1 Teel. Salz) geben, zum Kochen bringen, weich kochen lassen
die Rote Bete aus dem Kochwasser nehmen, mit kaltem Wasser übergießen, schälen, in Scheiben schneiden
für die Essig-Zucker-Lösung
125 g Zucker mit
750 ml (3/4 l) Wasser zum Kochen bringen, kurz aufkochen lassen (Zucker muß sich vollständig lösen), abschäumen
375 ml (3/8 l) Wein-Essig hinzufügen, abkühlen lassen
4 kleine Zwiebeln abziehen, in Scheiben schneiden, Rote Bete und Zwiebeln abwechselnd mit
2 in kleine Stücke gebrochenen Lorbeerblättern in die vorbereiteten Einkochgläser (S. 12 Punkt 5–7) füllen
die Essig-Zucker-Lösung über die Rote Bete gießen
im übrigen die allgemeinen Einkochregeln S. 12 ab Punkt 8 beachten
Einkochzeit: 30 Minuten bei 98° C.

Eingelegte Stangen-Bohnen

2 kg Stangen-Bohnen putzen, abfädeln, waschen, abtropfen lassen, lange Bohnen halbieren, die Bohnen in
kochendes Salzwasser geben, zum Kochen bringen, etwa 5 Minuten kochen lassen, auf ein Sieb geben, mit kaltem Wasser übergießen, abtropfen lassen
1 Bund Bohnenkraut
einige Zweige Dill
die Kräuter abspülen, trockentupfen
2 Knoblauchzehen abziehen, halbieren
Bohnen, Kräuter und Knoblauch in die vorbereiteten Einkochgläser (S. 12 Punkt 5–7) füllen
für die Essig-Zucker-Lösung
200 g Zucker mit
500 ml (1/2 l) Wein-Essig
250 ml (1/4 l) Wasser
20 Pfefferkörnern zum Kochen bringen, kurz aufkochen lassen (Zucker muß sich vollständig lösen), über die Bohnen gießen
im übrigen die allgemeinen Einkochregeln S. 12 ab Punkt 8 beachten
Einkochzeit: 15 Minuten bei 220° C.

Tomatenmark

Etwa 5 kg reife Tomaten (für 4 Gläser von je 1 l Inhalt) waschen, in kleine Stücke schneiden, etwas zerdrücken, unter Rühren zum Kochen bringen, etwas einkochen lassen, die Tomaten durch ein Sieb streichen, das Mark in die vorbereiteten Einkochgläser (S. 12 Punkt 5–7) füllen
im übrigen die allgemeinen Einkochregeln S. 12 ab Punkt 8 beachten
Einkochzeit: 30 Minuten bei 98° C.

Fruchtige Konfitüren und Marmeladen

Konfitüre oder Marmelade

Im allgemeinen Sprachgebrauch wurde kein Unterschied gemacht zwischen den Bezeichnungen „Konfitüre" und „Marmelade". Doch einen solchen Unterschied gab es und gibt es.
Konfitüre bestand aus nur **einer Obstart** mit ganzen bzw. grob zerkleinerten Früchten; Marmelade aus einer oder mehreren stark zerkleinerten Fruchtarten.

Im Oktober 1982 trat nun eine neue Konfitüre-Verordnung in Kraft. Danach wird die Bezeichnung „Marmelade" nur noch für Erzeugnisse aus Zitrusfrüchten (z.B. Orangen, Pampelmusen, Pomelos, Zitronen/Limetten) verwendet. Alle anderen auf diese Art verarbeiteten Früchte heißen Konfitüre.

Erdbeer-Kiwi-Konfitüre mit grünem Pfeffer

(Abb. S. 70/71)

750 g (3/4 kg) Erdbeeren (vorbereitet gewogen)
vorbereiten: Erdbeeren waschen, gut abtropfen lassen, sorgfältig verlesen, entstielen, wiegen (750 g)

250 g (1/4 kg) Kiwis (vorbereitet gewogen)
vorbereiten: Kiwis dünn schälen, halbieren, in Scheiben schneiden, wiegen (250 g)
die Früchte mit

10 g (1 geh. Teel.) eingelegtem grünem Pfeffer
in einen Kochtopf geben, vorsichtig zerdrücken, am besten mit einem Stampfer

Schale von 1/2 Zitrone (unbehandelt)
unterrühren
die weitere Verarbeitung mit

1 Beutel Gelfix
1125 g (1 1/8 kg) Zucker
erfolgt nach den auf S. 14 angegebenen Regeln zur Herstellung von Konfitüre
zum Schluß die Zitronenschale herausnehmen
Einfüllen der Konfitüre und Verschließen der Gläser S. 15
Aufbewahren der Gläser S. 14 ab Punkt 10.

Apfelsinen-Feigen-Marmelade

(Abb. S. 70/71)

800 g Apfelsinenfruchtfleisch (vorbereitet gewogen)
vorbereiten: Apfelsinen schälen, enthäuten, filieren, zerkleinern, wiegen (800 g)

200 g Feigen (vorbereitet gewogen)
vorbereiten: Feigen schälen, vierteln, wiegen (200 g)
die weitere Verarbeitung mit

1 Packung (500 g) Gelier-Zucker Zwei + Eins
erfolgt nach den auf S. 15 angegebenen Regeln zur Herstellung von Konfitüre (Marmelade) mit Gelier-Zucker Zwei + Eins
Einfüllen der Konfitüre (Marmelade) und Verschließen der Gläser S. 15
Aufbewahren der Gläser S. 14 ab Punkt 10.

Veränderung: Nach Belieben Apfelsinenschalen-Streifen von 1–2 unbehandelten Apfelsinen hinzufügen.

Papaya-Himbeer-Konfitüre

(Abb. S. 70/71)

900 g reife Papayas (vorbereitet gewogen)
vorbereiten: Papayas schälen, halbieren, entkernen, in kleine Stücke schneiden, wiegen (900 g)

100 g Himbeeren (vorbereitet gewogen)
vorbereiten: Himbeeren sorgfältig verlesen, evtl. entstielen, wiegen (100 g)
die weitere Verarbeitung mit

1 Beutel Gelfix Zwei + Eins
500 g (1/2 kg) Zucker
erfolgt nach den auf S. 16 angegebenen Regeln zur Herstellung von Konfitüre mit Gelfix Zwei + Eins
Einfüllen der Konfitüre und Verschließen der Gläser S. 15
Aufbewahren der Gläser S. 14 ab Punkt 10.

Preiselbeer-Konfitüre

1250 g (1/4 kg) Preiselbeeren (vorbereitet gewogen)
vorbereiten: Preiselbeeren verlesen, waschen, gut abtropfen lassen, mit

250 ml (1/4 l) Wasser
in einem Kochtopf (Durchmesser 24 cm) geben, im geschlossenen Topf zum Kochen bringen, 15 Minuten ziehen lassen
den Fruchtbrei abkühlen lassen, lauwarm verwenden
die weitere Verarbeitung mit

1 Beutel Gelfix
1250 g (1 1/4 kg) Zucker
erfolgt nach den auf S. 14 angegebenen Regeln zur Herstellung von Konfitüre
Einfüllen der Konfitüre und Verschließen der Gläser S. 15
Aufbewahren der Gläser S. 14 ab Punkt 10.

Rhabarber-Nektarinen-Konfitüre

500 g (1/2 kg) Rhabarber (vorbereitet gewogen)
vorbereiten: Rhabarber waschen, abtrocknen (nicht abziehen), in ganz kleine Stücke schneiden, wiegen (500 g)

500 g (1/2 kg) Nektarinen (vorbereitet gewogen)
vorbereiten: Nektarinen waschen, gut abtropfen lassen, halbieren, entsteinen, in kleine Stücke schneiden, wiegen (500 g)
die weitere Verarbeitung mit

1 Beutel Gelfix
1000 g (1 kg) Zucker
erfolgt nach den auf S. 14 angegebenen Regeln zur Herstellung von Konfitüre
Einfüllen der Konfitüre und Verschließen der Gläser S. 15
Aufbewahren der Gläser S. 14 ab Punkt 10.

Erdbeer-Sauerkirsch-Konfitüre

500 g (1/2 kg) Erdbeeren (vorbereitet gewogen)
vorbereiten: Erdbeeren waschen, gut abtropfen lassen, sorgfältig verlesen, entstielen, zerkleinern, wiegen (500 g)

500 g (1/2 kg) Sauerkirschen (vorbereitet gewogen)
vorbereiten: Sauerkirschen waschen, gut abtropfen lassen, entstielen, entsteinen, zerkleinern, wiegen (500 g)
die weitere Verarbeitung mit

1 Packung (500 g) Gelier-Zucker Zwei + Eins
erfolgt nach den auf S. 15 angegebenen Regeln zur Herstellung von Konfitüre mit Gelier-Zucker Zwei + Eins
Einfüllen der Konfitüre und Verschließen der Gläser S. 15
Aufbewahren der Gläser S. 14 ab Punkt 10.

Kumquat-Orangen-Marmelade

(Abb. nebenstehend)

300 g Kumquats (vorbereitet gewogen)
vorbereiten: Kumquats heiß abwaschen, abtrocknen, halbieren, entkernen, in kleine Stücke schneiden, wiegen (300 g)

500 g Orangen (vorbereitet gewogen)
vorbereiten: Orangen schälen, enthäuten, in Stücke schneiden, wiegen (500 g), die weitere Verarbeitung mit

1 Beutel Gelfix
1000 g (1 kg) Zucker
erfolgt nach den auf S. 14 angegebenen Regeln zur Herstellung von Marmelade
Einfüllen der Marmelade und Verschließen der Gläser S. 15
Aufbewahren der Gläser S. 14 ab Punkt 10.

Johannisbeer-Konfitüre

aus roten Johannisbeeren

1250 g (1/4 kg) Johannisbeeren (vorbereitet gewogen)
vorbereiten: Johannisbeertrauben waschen, gut abtropfen lassen, sorgfältig verlesen, entstielen, wiegen (1250 g)
die Früchte zerdrücken, am besten mit einem Stampfer
die weitere Verarbeitung mit

1 Beutel Gelfix
1000 g (1 kg) Zucker
erfolgt nach den auf S. 14 angegebenen Regeln zur Herstellung von Konfitüre

Doppelkochung:
2000 g (2 kg) Johannisbeeren (vorbereitet gewogen)
Johannisbeertrauben wie oben vorbereiten, die weitere Verarbeitung mit

2 Beuteln Gelfix
1750 g (3/4 kg) Zucker
erfolgt nach den auf S. 14 angegebenen Regeln zur Herstellung von Konfitüre
Einfüllen der Konfitüre und Verschließen der Gläser S. 15
Aufbewahren der Gläser S. 14 ab Punkt 10.

Apfel-Konfitüre

1000 g (1 kg) Äpfel (z.B. Gravensteiner, vorbereitet gewogen)
vorbereiten: Äpfel, schälen, achteln, entkernen, in kleine Stücke schneiden, wiegen (1000 g)
die weitere Verarbeitung mit

1 Beutel Gelfix
1000 g (1 kg) Zucker
3 Päckchen Vanillin-Zucker
erfolgt nach den auf S. 14 angegebenen Regeln zur Herstellung von Konfitüre
Einfüllen der Konfitüre und Verschließen der Gläser S. 15
Aufbewahren der Gläser S. 14 ab Punkt 10.

Johannisbeer-Püree

1000 g (1 kg) Johannisbeeren, rot und/oder schwarz (vorbereitet gewogen)
vorbereiten: Johannisbeertrauben waschen, gut abtropfen lassen, sorgfältig verlesen, entstielen, pürieren, wiegen (1000 g)
die weitere Verarbeitung mit

1 Beutel Gelfix
1000 g (1 kg) Zucker
1/2 Teel. Piment (Nelkenpfeffer)
1 Messerspitze Nelkenpulver
erfolgt nach den auf S. 14 angegebenen Regeln zur Herstellung von Konfitüre
zum Schluß

50 ml Gin
unterrühren
Einfüllen der Konfitüre und Verschließen der Gläser S. 15
Aufbewahren der Gläser S. 14 ab Punkt 10.

Pfirsich-Melonen-Konfitüre

450 g Pfirsiche (vorbereitet gewogen)
vorbereiten: Pfirsiche waschen, gut abtropfen lassen, entsteinen, in kleine Stücke schneiden, wiegen (450 g)

450 g Honigmelone (vorbereitet gewogen)
vorbereiten: Honigmelone halbieren, entkernen, schälen, in kleine Stücke schneiden, wiegen (450 g), zu den Pfirsichen geben

abgeriebene Schale von 1 Zitrone (unbehandelt)
unterrühren
die weitere Verarbeitung mit

1 Beutel Gelfix
1000 g (1 kg) Zucker
erfolgt nach den auf S. 14 angegebenen Regeln zur Herstellung von Konfitüre
zum Schluß

2 Eßl. Zitronensaft
2–3 Eßl. weißen Rum
unterrühren
Einfüllen der Konfitüre und Verschließen der Gläser S. 15
Aufbewahren der Gläser S. 14 ab Punkt 10.

Veränderung: 20 g frischen feingewürfelten Ingwer, 1/2 gestrichenen Teel. gemahlenen Zimt mitkochen.

Johannisbeer-Konfitüre

aus roten und schwarzen Johannisbeeren

500 g (1/2 kg) rote Johannisbeeren (vorbereitet gewogen)
500 g (1/2 kg) schwarze Johannisbeeren (vorbereitet gewogen)
vorbereiten: Johannisbeertrauben waschen, gut abtropfen lassen, sorgfältig verlesen, entstielen, wiegen (1000 g)
die weitere Verarbeitung mit

1 Packung (500 g) Gelier-Zucker Zwei + Eins
erfolgt nach den auf S. 15 angegebenen Regeln zur Herstellung von Konfitüre mit Gelier-Zucker Zwei + Eins
Einfüllen der Konfitüre und Verschließen der Gläser S. 15
Aufbewahren der Gläser S. 14 ab Punkt 10.

Himbeer-Kiwi-Konfitüre

500 g (1/2 kg) Himbeeren (vorbereitet gewogen)

vorbereiten: Himbeeren sorgfältig verlesen, evtl. entstielen, durch ein Sieb streichen, wiegen (500 g)

500 g (1/2 kg) Kiwis (vorbereitet gewogen)

vorbereiten: Kiwis dünn schälen, vierteln, in Scheiben schneiden, wiegen (500 g)
die weitere Verarbeitung mit

1 Beutel Gelfix Zwei + Eins
500 g (1/2 kg) Zucker

erfolgt nach den auf S. 16 angegebenen Regeln zur Herstellung von Konfitüre mit Gelfix Zwei + Eins
Einfüllen der Konfitüre und Verschließen der Gläser S. 15
Aufbewahren der Gläser S. 14 ab Punkt 10.

Feigen-Apfelsinen-Marmelade mit Schuß

750 g (3/4 kg) Feigen (vorbereitet gewogen)

vorbereiten: Feigen enthäuten, wiegen (750 g), die Früchte zerdrücken, am besten mit einem Stampfer

250 g (1/4 kg) Apfelsinenfruchtfleisch (vorbereitet gewogen)

vorbereiten: Apfelsinen schälen, in Stücke schneiden, wiegen (250 g)
die weitere Verarbeitung mit

1 Beutel Gelfix
1000 g (1 kg) Zucker

erfolgt nach den auf S. 14 angegebenen Regeln zur Herstellung von Konfitüre, zum Schluß

1 Eßl. Zitronensaft
2–3 Eßl. Orangenlikör

unterrühren
Einfüllen der Konfitüre und Verschließen der Gläser S. 15
Aufbewahren der Gläser S. 14 ab Punkt 10.

Sauerkirsch-Vanille-Konfitüre

1000 g (1 kg) Sauerkirschen (vorbereitet gewogen)
vorbereiten: Sauerkirschen waschen, gut abtropfen lassen, entstielen, entsteinen, wiegen (1000 g), die Hälfte der Kirschen pürieren

1 Vanilleschote einritzen, das Mark auskratzen, unterrühren
die weitere Verarbeitung mit

1 Beutel Gelfix
1125 g (1 1/8 kg) Zucker erfolgt nach den auf S. 14 angegebenen Regeln zur Herstellung von Konfitüre
Einfüllen der Konfitüre und Verschließen der Gläser S. 15
Aufbewahren der Gläser S. 14 ab Punkt 10.

Grapefruit-Mandarinen-Marmelade

500 g rosa Grapefruitfruchtfleisch (vorbereitet gewogen)
vorbereiten: Grapefruit schälen, in Spalten teilen, Fruchtspalten enthäuten, kleinschneiden, wiegen (500 g)

300 g Mandarinen-Fruchtfleisch (vorbereitet gewogen)
vorbereiten: Mandarinen schälen, in Spalten teilen, kleinschneiden, wiegen (300 g)
die weitere Verarbeitung mit

1 Beutel Gelfix
1000 g (1 kg) Zucker erfolgt nach den auf S. 14 angegebenen Regeln zur Herstellung von Marmelade, zum Schluß

2 Eßl. Cointreau unterrühren
Einfüllen der Marmelade und Verschließen der Gläser S. 15
Aufbewahren der Gläser S. 14 ab Punkt 10.

Ananas-Avocado-Apfel-Konfitüre

300 g Ananasfruchtfleisch (vorbereitet gewogen)
vorbereiten: Ananas in Scheiben schneiden, die einzelnen Scheiben schälen, den holzigen Kern herausschneiden, das Fruchtfleisch in Stücke schneiden, wiegen (300 g)

100 g Avocadofruchtfleisch (vorbereitet gewogen)
vorbereiten: Avocado schälen, halbieren, den Stein herauslösen, das Fruchtfleisch mit einer Gabel zerdrücken, wiegen (100 g)

600 g Äpfelstücke (vorbereitet gewogen)
vorbereiten: Äpfel schälen, vierteln, entkernen, in kleine Stücke schneiden, wiegen (600 g)
die Früchte miteinander vermengen

1/2 Teel. gemahlener Zimt unterrühren
die weitere Verarbeitung mit

1 Beutel Gelfix Zwei + Eins
500 g (1/2 kg) Zucker erfolgt nach den auf Seite 16 angegebenen Regeln zur Herstellung von Konfitüre, zum Schluß

3 Eßl. Weißwein unterrühren
Einfüllen der Konfitüre und Verschließen der Gläser S. 15
Aufbewahren der Gläser S. 14 ab Punkt 10.

Pampelmusen-Marmelade

(Abb. nebenstehend)

900 g Pampelmusenfruchtfleisch (von 4–6 Pampelmusen, unbehandelt)
Pampelmusen waschen, abtrocknen

25 g Pampelmusenschale abreiben
die Früchte schälen, in Spalten teilen, enthäuten, kleinschneiden, mit der abgeriebenen Schale mischen, wiegen (900 g)
die weitere Verarbeitung mit

1 Beutel Gelfix
1000 g (1 kg) Zucker erfolgt nach den auf S. 14 angegebenen Regeln zur Herstellung von Marmelade
Einfüllen der Marmelade und Verschließen der Gläser S. 15
Aufbewahren der Gläser S. 14 ab Punkt 10.

Pfirsich-Konfitüre

850 g Pfirsiche (vorbereitet gewogen) vorbereiten: Pfirsiche waschen, gut abtropfen lassen, halbieren, entsteinen, in kleine Stücke schneiden, wiegen (850 g)
die weitere Verarbeitung mit
1 Beutel Gelfix
1000 g (1 kg) Zucker erfolgt nach den auf S. 14 angegebenen Regeln zur Herstellung von Konfitüre

Doppelkochung:
1500 g (1½ kg) Pfirsiche (vorbereitet gewogen) Pfirsiche wie oben vorbereiten
die weitere Verarbeitung mit
2 Beuteln Gelfix
2000 g (2 kg) Zucker erfolgt nach den auf S. 14 angegebenen Regeln zur Herstellung von Konfitüre
Einfüllen der Konfitüre und Verschließen der Gläser S. 15
Aufbewahren der Gläser S. 14 ab Punkt 10.

Quitten-Konfitüre

1000 g (1 kg) reife Quitten (vorbereitet gewogen) vorbereiten: Quitten trocken abreiben, um den Flaum zu entfernen, die Quitten waschen, schälen, entkernen, grießige Stellen entfernen, die Quitten in kleine Stücke schneiden, mit
250 ml (¼ l) Wasser im geschlossenen Topf zum Kochen bringen, 20 Minuten kochen lassen
den Fruchtbrei abkühlen lassen, lauwarm verwenden
die weitere Verarbeitung mit
1 Beutel Gelfix
1250 g (1¼ kg) Zucker erfolgt nach den auf S. 14 angegebenen Regeln zur Herstellung von Konfitüre
Einfüllen der Konfitüre und Verschließen der Gläser S. 15
Aufbewahren der Gläser S. 14 ab Punkt 10.

Pflaumen-Holunder-Konfitüre

750 g (¾ kg) Pflaumen (vorbereitet gewogen) vorbereiten: Pflaumen waschen, gut abtropfen lassen, halbieren, entsteinen, in kleine Stücke schneiden, wiegen (750 g)
250 g Holunderbeeren (vorbereitet gewogen) vorbereiten: Holunderbeerdolden waschen, gut abtropfen lassen, sorgfältig verlesen, entstielen, wiegen (250 g), zu den Pflaumen geben
etwas gemahlenen Sternanis unterrühren
die weitere Verarbeitung mit
1 Beutel Gelfix
1125 g (1¼ kg) Zucker erfolgt nach den auf S. 14 angegebenen Regeln zur Herstellung von Konfitüre
zum Schluß den
Saft von 1 Zitrone unterrühren
Einfüllen der Konfitüre und Verschließen der Gläser S. 15
Aufbewahren der Gläser S. 14 ab Punkt 10.

Sauerkirsch-Konfitüre

900 g Sauerkirschen (vorbereitet gewogen)

vorbereiten: Sauerkirschen waschen, gut abtropfen lassen, entstielen, entsteinen, wiegen (900 g) die weitere Verarbeitung mit

1 Beutel Gelfix
1000 g (1 kg) Zucker

erfolgt nach den auf S. 14 angegebenen Regeln zur Herstellung von Konfitüre
Einfüllen der Konfitüre und Verschließen der Gläser S. 15
Aufbewahren der Gläser S. 14 ab Punkt 10.

Pflaumen- oder Zwetschenmus

im Backofen

4–5 kg Pflaumen oder Zwetschen (vorbereitet gewogen)

vorbereiten: Pflaumen (Zwetschen) waschen, gut abtropfen lassen, halbieren, entsteinen, vierteln, wiegen (4–5 kg)
die Früchte mit

400–500 g (etwa 1/2 kg) Zucker

bergartig in eine Fettfangschale schichten, auf die mittlere Schiene in den vorgeheizten Backofen schieben

Strom: 175–200
Gas: Etwa 4
Garzeit: 3–4 Stunden

nach 15 Minuten Garzeit die Backofentür für die restliche Zeit einen Spalt breit öffnen
die Fruchtmasse ab und zu durchrühren, wieder bergartig anhäufen
nach 3–4 Stunden das Mus in einen Kochtopf geben, unter Rühren zum Kochen bringen, evtl. noch etwas einkochen lassen, (Mus muß dickbreiig sein)
das Mus von der Kochstelle nehmen

etwa 1 Messerspitze gemahlene Gewürznelken
etwa 1/2 gestr. Teel. gemahlenen Zimt
knapp 1/2 gestr. Teel. Einmach-Hilfe

unterrühren

Einfüllen des Muses und Verschließen der Gläser S. 15
Aufbewahren der Gläser S. 14 ab Punkt 10.

Erdbeer-Konfitüre

mit Gelfix Zwei + Eins

1000 g (1 kg) Erdbeeren (vorbereitet gewogen)

vorbereiten: Erdbeeren waschen, abtropfen lassen, sorgfältig verlesen, entstielen, wiegen (1000 g)
die Früchte stückig oder musig zerkleinern
die weitere Verarbeitung mit

1 Beutel Gelfix Zwei + Eins
500 g (1/2 kg) Zucker

erfolgt nach den auf S. 16 angegebenen Regeln zur Herstellung von Konfitüre mit Gelfix Zwei + Eins
Einfüllen der Konfitüre und Verschließen der Gläser S. 15
Aufbewahren der Gläser S. 14 ab Punkt 10.

Kiwi-Konfitüre

(Abb. nebenstehend)

1 kg Kiwis (vorbereitet gewogen)
vorbereiten: Kiwis dünn schälen, vierteln, in Scheiben schneiden, wiegen (1000 g)
die weitere Verarbeitung mit

1 Beutel Gelfix Zwei + Eins
500 g (1/2 kg) Zucker erfolgt nach den auf S. 16 angegebenen Regeln zur Herstellung von Konfitüre mit Gelfix Zwei + Eins
zum Schluß

2 Eßl. Zitronensaft und nach Belieben
2–3 Eßl. Himbeergeist unterrühren
Einfüllen der Konfitüre und Verschließen der Gläser S. 15
Aufbewahren der Gläser S. 14 ab Punkt 10.

Erdbeer-Rhabarber-Konfitüre

500 g (1/2 kg) Erdbeeren (vorbereitet gewogen)
vorbereiten: Erdbeeren waschen, gut abtropfen lassen, sorgfältig verlesen, enstielen, zerkleinern, wiegen (500 g)

500 g (1/2 kg) Rhabarber (vorbereitet gewogen)
vorbereiten: Rhabarber waschen, abtrocknen, nicht abziehen, zerkleinern, wiegen (500 g)
die weitere Verarbeitung mit

1 Packung (500 g) Gelier-Zucker Zwei + Eins erfolgt nach den auf S. 15 angegebenen Regeln zur Herstellung von Konfitüre mit Gelier-Zucker Zwei + Eins
Einfüllen der Konfitüre und Verschließen der Gläser S. 15
Aufbewahren der Gläser S. 14 ab Punkt 10.

Johannisbeer-Pfirsich-Konfitüre

500 g (1/2 kg) helle Johannisbeeren (vorbereitet gewogen)
vorbereiten: Johannisbeertrauben waschen, gut abtropfen lassen, sorgfältig verlesen, entstielen, durch ein Sieb streichen, wiegen (500 g)

500 g (1/2 kg) Pfirsiche (vorbereitet gewogen)
vorbereiten: die Pfirsiche in kochendes Wasser legen (nicht kochen lassen), in kaltem Wasser abschrecken, enthäuten, halbieren, entsteinen, grob zerkleinern, wiegen (500 g), zu den Johannisbeeren geben

1/2 Vanilleschote einritzen, das Mark auskratzen, hinzufügen
die weitere Verarbeitung mit

1 Beutel Gelfix Zwei + Eins
500 g (1/2 kg) Zucker erfolgt nach den auf S. 16 angegebenen Regeln zur Herstellung von Konfitüre mit Gelfix Zwei + Eins
zum Schluß

Saft von 1/2 Zitrone unterrühren
Einfüllen der Konfitüre und Verschließen der Gläser S. 15
Aufbewahren der Gläser S. 14 ab Punkt 10.

Himbeer-Johannisbeer-Konfitüre

500 g (1/2 kg) Himbeeren (vorbereitet gewogen)
vorbereiten: Himbeeren sorgfältig verlesen, evtl. entstielen, wiegen (500 g)

500 g (1/2 kg) rote Johannisbeeren (vorbereitet gewogen)
vorbereiten: Johannisbeertrauben waschen, gut abtropfen lassen, sorgfältig verlesen, entstielen, wiegen (500 g)
die Früchte zerdrücken, am besten mit einem Stampfer
die weitere Verarbeitung mit

1 Beutel Gelfix
1125 g (11/8 kg) Zucker erfolgt nach den auf S. 14 angegebenen Regeln zur Herstellung von Konfitüre

Doppelkochung:
875 g (7/8 kg) Himbeeren (vorbereitet gewogen)
875 g (7/8 kg) rote Johannisbeeren (vorbereitet gewogen)
die Früchte wie oben vorbereiten
die weitere Verarbeitung mit

2 Beuteln Gelfix
1750 g (13/4 kg) Zucker erfolgt nach den auf S. 14 angegebenen Regeln zur Herstellung von Konfitüre
Einfüllen der Konfitüre und Verschließen der Gläser S. 15
Aufbewahren der Gläser S. 14 ab Punkt 10.

Brombeer-Konfitüre

1250 g (11/4 kg) Brombeeren (vorbereitet gewogen)
vorbereiten: Brombeeren verlesen, entstielen, vorsichtig waschen, gut abtropfen lassen, wiegen (1250 g)
die Früchte zerdrücken, am besten mit einem Stampfer
die weitere Verarbeitung mit

1 Beutel Gelfix
1375 g (13/8 kg) Zucker erfolgt nach den auf S. 14. angegebenen Regeln zur Herstellung von Konfitüre

Doppelkochung:
2250 g (21/4 kg) Brombeeren (vorbereitet gewogen)
Brombeeren wie oben vorbereiten
die weitere Verarbeitung mit

2 Beuteln Gelfix
2500 g (21/2 kg) Zucker erfolgt nach den auf S. 14 angegebenen Regeln zur Herstellung von Konfitüre
Einfüllen der Konfitüre und Verschließen der Gläser S. 15
Aufbewahren der Gläser S. 14 ab Punkt 10.

Sauerkirsch-Konfitüre mit Rotwein

Erdbeer-Gelee, Rezept S. 109

875 g (7/8 kg) Sauerkirschen (vorbereitet gewogen)

vorbereiten: Sauerkirschen waschen, gut abtropfen lassen, entstielen, entsteinen, wiegen (875 g), mit

125 ml (1/8 l) Rotwein

in einen Kochtopf geben
die weitere Verarbeitung mit

1 Packung (500 g) Gelier-Zucker Zwei + Eins

erfolgt nach den auf S. 15 angegebenen Regeln zur Herstellung von Konfitüre mit Gelier-Zucker Zwei + Eins
Einfüllen der Konfitüre und Verschließen der Gläser S. 15
Aufbewahren der Gläser S. 14 ab Punkt 10.

Rhabarber-Pfirsich-Aprikosen-Konfitüre

500 g (1/2 kg) Rhabarber (vorbereitet gewogen)

vorbereiten: Rhabarber waschen, abtrocknen (nicht abziehen), in kleine Stücke schneiden, wiegen (500 g)

250 g (1/4 kg) Pfirsiche (vorbereitet gewogen)

vorbereiten: Pfirsiche waschen, gut abtropfen lassen, halbieren, entsteinen, in kleine Stücke schneiden, wiegen (250 g)

250 g (1/4 kg) Aprikosen (vorbereitet gewogen)

vorbereiten: Aprikosen waschen, gut abtropfen lassen, entsteinen, in kleine Stücke schneiden, wiegen (250 g), die weitere Verarbeitung mit

1 Beutel Gelfix Zwei + Eins
500 g (1/2 kg) Zucker

erfolgt nach den auf S. 16 angegebenen Regeln zur Herstellung von Konfitüre mit Gelfix Zwei + Eins
Einfüllen der Konfitüre und Verschließen der Gläser S. 15
Aufbewahren der Gläser s. Regeln S. 14 ab Punkt 10.

Stachelbeer-Bananen-Konfitüre

700 g Stachelbeeren (vorbereitet gewogen)
vorbereiten: Stachelbeeren von Stiel und Blüte befreien, sorgfältig waschen, gut abtropfen lassen, vierteln, wiegen (700 g)

300 g Bananen (vorbereitet gewogen)
vorbereiten: Bananen schälen, längs halbieren, in Scheiben schneiden, wiegen (300 g)
die weitere Verarbeitung mit

1 Beutel Gelfix Zwei + Eins
500 g (1/2 kg) Zucker erfolgt nach den auf S. 16 angegebenen Regeln zur Herstellung von Konfitüre mit Gelfix Zwei + Eins
zum Schluß

4 Eßl. Bananenlikör unterrühren
Einfüllen der Konfitüre und Verschließen der Gläser S. 15
Aufbewahren der Gläser S. 14 ab Punkt 10.

Mehrfrucht-Konfitüre

Für diese Konfitüre eignen sich Aprikosen, Brombeeren, Erdbeeren, Himbeeren, Johannisbeeren, Kirschen, Rhabarber, Stachelbeeren

Aprikosen waschen, gut abtropfen lassen, entsteinen, in kleine Stücke schneiden

Brombeeren verlesen, evtl. entstielen, vorsichtig waschen, zerdrücken

Erdbeeren waschen, gut abtropfen lassen, entstielen, zerdrücken

Himbeeren verlesen, evtl. entstielen, zerdrücken

Johannisbeertrauben waschen, gut abtropfen lassen, entstielen, zerdrücken

Kirschen waschen, gut abtropfen lassen, entstielen, entsteinen

Rhabarber waschen, abtrocknen (nicht abziehen), in kleine Stücke schneiden

Stachelbeeren von Stiel und Blüte befreien, waschen, gut abtropfen lassen, durch den Fleischwolf drehen
die weitere Verarbeitung mit

1000 g (1 kg) gemischten Früchten (vorbereitet gewogen)
1 Beutel Gelfix Zwei + Eins
500 g (1/2 kg) Zucker erfolgt nach den auf S. 16 angegebenen Regeln zur Herstellung von Konfitüre mit Gelfix Zwei + Eins
Einfüllen der Konfitüre und Verschließen der Gläser S. 15
Aufbewahren der Gläser S. 14 ab Punkt 10.

Birnen-Konfitüre

(Abb. nebenstehend)

1000 g (1 kg) Birnen (vorbereitet gewogen)
vorbereiten: Birnen waschen, schälen, achteln, entkernen, in kleine Stücke schneiden, wiegen (1000 g)
die weitere Verarbeitung mit

1 Beutel Gelfix
5 Gewürznelken
1 Stück Stangenzimt
1000 g (1 kg) Zucker erfolgt nach den auf S. 14 angegebenen Regeln zur Herstellung von Konfitüre
Einfüllen der Konfitüre und Verschließen der Gläser S. 15
Aufbewahren der Gläser S. 14 ab Punkt 10.

Pfirsich-Konfitüre mit Zitronenmelisse

850 g Pfirsiche (vorbereitet gewogen)
vorbereiten: Pfirsiche waschen, gut abtropfen lassen, halbieren, entsteinen, in kleine Stücke schneiden, wiegen (850 g)

1/2 Teel. gehackte Zitronenmelisse unterrühren
die weitere Verarbeitung mit

1 Beutel Gelfix
1000 g (1 kg) Zucker erfolgt nach den auf S. 14 angegebenen Regeln zur Herstellung von Konfitüre

2–3 Eßl. weißen Rum unterrühren
Einfüllen der Konfitüre und Verschließen der Gläser S. 15
Aufbewahren der Gläser S. 14 ab Punkt 10.

Zitronen-Marmelade

(Abb. nebenstehend)

Etwa 15 mittelgroße Zitronen (davon 6 unbehandelt) waschen, abtrocknen, die unbehandelten (6) Früchte dünn schälen, (die geschälten Zitronen zudecken, kalt stellen), die Schalen mit

Salzwasser (auf je 125 ml (1/8 l) Wasser, 1 Messerspitze Salz) bedecken, 12 Stunden an einem kühlen Ort stehenlassen
das Salzwasser abgießen, die Schalen mit frischem Wasser bedeckt im geschlossenen Topf zum Kochen bringen, 15 Minuten kochen lassen
die Zitronenschalen mit einem Schaumlöffel aus dem Kochwasser nehmen, in feine Streifen schneiden
die übrigen Zitronen ebenfalls dünn schälen, von allen Früchten die weiße Haut sorgfältig entfernen
das Fruchtfleisch in kleine Stücke schneiden, mit den Schalen wiegen (600 g), mit dem Kochwasser auf 900 g ergänzen
die weitere Verarbeitung mit

1 Beutel Gelfix
1000 g (1 kg) Zucker erfolgt nach den auf. S. 14 angegebenen Regeln zur Herstellung von Marmelade
Einfüllen der Marmelade und Verschließen der Gläser S. 15
Aufbewahren der Gläser S. 14 ab Punkt 10.

Mandarinen-Orangen-Marmelade

(Abb. nebenstehend)

600 g Mandarinen (vorbereitet gewogen) vorbereiten: Mandarinen schälen, die Spalten in kleine Stücke schneiden, wiegen (600 g)

200 g Orangen (vorbereitet gewogen) vorbereiten: Orangen schälen, enthäuten, in kleine Stücke schneiden, wiegen, (200 g)

1 Limone (unbehandelt) vorbereiten: die Limone waschen, abtrocknen, dünn schälen, in feine Streifen schneiden, die Frucht halbieren, den Saft auspressen
die Zutaten in einen Kochtopf geben
die weitere Verarbeitung mit

1 Beutel Gelfix
1000 g (1 kg) Zucker erfolgt nach den auf S. 14 angegebenen Regeln zur Herstellung von Marmelade
Einfüllen der Marmelade und Verschließen der Gläser S. 15
Aufbewahren der Gläser S. 14 ab Punkt 10.

Apfelsinen-Pomelo-Marmelade
(Abb. oben)

800 g Apfelsinenfruchtfleisch (vorbereitet gewogen, etwa 8 Apfelsinen, davon 2 unbehandelt)

vorbereiten: unbehandelte Apfelsinen waschen, abtrocknen, die Schale dünn abreiben, die übrigen Früchte schälen, enthäuten, die Apfelsinenspalten in Stücke schneiden

vorbereiten: Pomelo schälen, Frucht in Spalten teilen, Fruchtspalten enthäuten, kleinschneiden, mit den Apfelsinenstücken vermengen
die weitere Verarbeitung mit

1 Beutel Gelfix
1125 g (1 1/8 kg) Zucker

erfolgt nach den auf S. 14 angegebenen Regeln zur Herstellung von Marmelade
Einfüllen der Marmelade und Verschließen der Gläser S. 15
Aufbewahren der Gläser S. 14 ab Punkt 10.

Mango-Konfitüre

1000 g (1 kg) reife Mangos (vorbereitet gewogen)
vorbereiten: Mangos schälen, das Fruchtfleisch vom Stein lösen, in kleine Stücke schneiden, wiegen (1000 g)

5 Eßl. Cidre, lieblich
hinzufügen
die weitere Verarbeitung mit

1 Beutel Gelfix Zwei + Eins
500 g (1/2 kg) Zucker
erfolgt nach den auf S. 16 angegebenen Regeln zur Herstellung von Konfitüre mit Gelfix Zwei + Eins
zum Schluß

3 Eßl. Zitronensaft
unterrühren
Einfüllen der Konfitüre und Verschließen der Gläser S. 15
Aufbewahren der Gläser s. Regeln S. 14 ab Punkt 10.

Renekloden-Konfitüre

1125 g (1 1/8 kg) Renekloden (vorbereitet gewogen)
vorbereiten: Renekloden waschen, gut abtropfen lassen, entsteinen, in kleine Stücke schneiden, wiegen (1125 g)
die weitere Verarbeitung mit

1 Beutel Gelfix
1250 g (1 1/4 kg) Zucker
erfolgt nach den auf S. 14 angegebenen Regeln zur Herstellung von Konfitüre

Doppelkochung:
2000 g (2 kg) Renekloden (vorbereitet gewogen)
Renekloden wie oben vorbereiten
die weitere Verarbeitung mit

2 Beuteln Gelfix
2250 g (2 1/4 kg) Zucker
erfolgt nach den auf S. 14 angegebenen Regeln zur Herstellung von Konfitüre
Einfüllen der Konfitüre und Verschließen der Gläser S. 15
Aufbewahren der Gläser S. 14 ab Punkt 10.

Erdbeer-Konfitüre

(Abb. nebenstehend)

1000 g (1 kg) Erdbeeren (vorbereitet gewogen)
vorbereiten: Erdbeeren waschen, gut abtropfen lassen, sorgfältig verlesen, entstielen, wiegen (1000 g)
die Früchte zerdrücken, am besten mit einem Stampfer
die weitere Verarbeitung mit

1 Beutel Gelfix
1125 g (1 1/8 kg) Zucker
erfolgt nach den auf S. 14 angegebenen Regeln zur Herstellung von Konfitüre

Doppelkochung:
1750 g (1 3/4 kg) Erdbeeren (vorbereitet gewogen)
wie oben vorbereiten
die weitere Verarbeitung mit

2 Beuteln Gelfix
2000 g (2 kg) Zucker
erfolgt nach den auf S. 14 angegebenen Regeln zur Herstellung von Konfitüre
Einfüllen der Konfitüre und Verschließen der Gläser S. 15
Aufbewahren der Gläser S. 14 ab Punkt 10.

Veränderung: Unter die Konfitüre zum Schluß 4 Eßl. Rum rühren oder abgeriebene Zitronenschale (unbehandelt) mitkochen und zum Schluß 4 Eßl. Orangenlikör unterrühren.

Nektarinen-Konfitüre

900 g Nektarinen (vorbereitet gewogen)
vorbereiten: Nektarinen waschen, gut abtropfen lassen, halbieren, entsteinen, in kleine Stücke schneiden, wiegen (900 g)
die weitere Verarbeitung mit

1 Beutel Gelfix
1000 g (1 kg) Zucker
erfolgt nach den auf S. 14 angegebenen Regeln zur Herstellung von Konfitüre
Einfüllen der Konfitüre und Verschließen der Gläser S. 15
Aufbewahren der Gläser S. 14 ab Punkt 10.

Pampelmusen-Marmelade mit Pfiff

500 g Pampelmusenfruchtfleisch (vorbereitet gewogen)
vorbereiten: Pampelmusen schälen, in Spalten teilen, Fruchtfleisch enthäuten, kleinschneiden, wiegen (500 g)

300 g Blutorangenfruchtfleisch (vorbereitet gewogen)
vorbereiten: Blutorangen schälen, enthäuten, Orangenspalten in kleine Stücke schneiden, wiegen (300 g) das Fruchtfleisch miteinander vermengen

1 Teel. Zitronensäure
1 Päckchen Vanillin-Zucker
1 Messerspitze gemahlenen Kardamon
1 Messerspitze gemahlenen Zimt
unterrühren
die weitere Verarbeitung mit

1 Beutel Gelfix
1000 g (1 kg) Zucker
erfolgt nach den auf S. 14 angegebenen Regeln zur Herstellung von Marmelade
Einfüllen der Marmelade und Verschließen der Gläser S. 15
Aufbewahren der Gläser S. 14 ab Punkt 10.

Papaya-Avocado-Konfitüre

800 g Papayafruchtfleisch (vorbereitet gewogen)
vorbereiten: Papaya schälen, halbieren, den Stein herauslösen, das Fruchtfleisch in kleine Stücke schneiden, wiegen (800 g)

200 g Avocadofruchtfleisch (vorbereitet gewogen)
vorbereiten: Avocados schälen, halbieren, den Stein herauslösen, das Fruchtfleisch in kleine Stücke schneiden, wiegen (200 g)
das Fruchtfleisch mit

10 g (1 gestrichener Teel.) eingelegtem grünem Pfeffer
in einen Kochtopf geben (grüne Pfefferkörner etwas zerdrücken)

2 Eßl. Limettensaft
unterrühren, weitere Verarbeitung mit

1 Beutel Gelfix
1125 g ($1^1/_8$ kg) Zucker
erfolgt nach den auf S. 14 angegebenen Regeln zur Herstellung von Konfitüre
Einfüllen der Konfitüre und Verschließen der Gläser S. 15
Aufbewahren der Gläser s. 14 ab Punkt 10.

Pflaumen-Konfitüre mit Wodka

750 g ($^3/_4$ kg) gelbe Pflaumen (vorbereitet gewogen)
vorbereiten: Pflaumen waschen, gut abtropfen lassen, halbieren, entsteinen, in kleine Stücke schneiden, wiegen (750 g)
die weitere Verarbeitung mit

1 Beutel Gelfix
750 g ($^3/_4$ kg) Zucker
erfolgt nach den auf S. 14 angegebenen Regeln zur Herstellung von Konfitüre, zum Schluß

4 Eßl. Wodka
unterrühren
Einfüllen der Konfitüre und Verschließen der Gläser S. 15
Aufbewahren der Gläser S. 14 ab Punkt 10.

Himbeer-Püree

1250 g ($1^1/_4$ kg) Himbeeren (vorbereitet gewogen)
vorbereiten: Himbeeren sorgfältig verlesen, evtl. entstielen, pürieren, wiegen (1250 g)
die weitere Verarbeitung mit

1 Beutel Gelfix
1125 g ($1^1/_8$ kg) Zucker
1 Teel. gemahlenem Ingwer
erfolgt nach den auf S. 14 angegebenen Regeln zur Herstellung von Konfitüre, zum Schluß

50 ml Kirschwasser
unterrühren
Einfüllen der Konfitüre und Verschließen der Gläser S. 15
Aufbewahren der Gläser S. 14 ab Punkt 10.

Preiselbeer-Birnen-Konfitüre

Preiselbeer-Gelee, Rezept S. 118

500 g (1/2 kg) Preiselbeeren (vorbereitet gewogen)

vorbereiten: Preiselbeeren sorgfältig verlesen, waschen, gut abtropfen lassen, wiegen (500 g)

500 g (1/2 kg) reife Birnen (vorbereitet gewogen)

vorbereiten: Birnen waschen, schälen, vierteln, entkernen, zerkleinern, wiegen (500 g)
die weitere Verarbeitung mit

1 Packung (500 g) Gelier-Zucker Zwei + Eins

erfolgt nach den auf S. 15 angegebenen Regeln zur Herstellung von Konfitüre mit Gelier-Zucker Zwei + Eins
Einfüllen der Konfitüre und Verschließen der Gläser S. 15
Aufbewahren der Gläser S. 14 ab Punkt 10.

Pomelo-Ananas-Marmelade

800 g Pomelo-Fruchtfleisch (vorbereitet gewogen, von etwa 2 Pomelos)

vorbereiten: Pomelos schälen, in Spalten teilen, die Fruchtspalten enthäuten, kleinschneiden, wiegen (800 g)

200 g Ananas Fruchtfleisch (vorbereitet gewogen)

vorbereiten: Ananas in dickere Scheiben schneiden, die einzelnen Scheiben schälen, den holzigen Kern herausschneiden, das Ananasfleisch in Stücke schneiden, wiegen (200 g)
die weitere Verarbeitung mit

1 Beutel Gelfix
1125 g (1 1/8 kg) Zucker

erfolgt nach den auf S. 14 angegebenen Regeln zur Herstellung von Marmeladen
Einfüllen der Marmeladen und Verschließen der Gläser S. 15
Aufbewahren der Marmelade S. 14 ab Punkt 10.

Apfelsinen-Marmelade

(Abb. nebenstehend)

900 g Apfelsinenfruchtfleisch (8–10 Apfelsinen, davon 3 unbehandelt)

die Apfelsinen waschen, abtrocknen, von den unbehandelten Apfelsinen

25 g Apfelsinenschale

abreiben, die übrigen Früchte schälen, enthäuten, die Apfelsinenspalten in Stücke schneiden
das Fruchtfleisch wiegen (900 g), mit der Apfelsinenschale mischen
die weitere Verarbeitung mit

1 Beutel Gelfix
1000 g (1 kg) Zucker

erfolgt nach den auf S. 14 angegebenen Regeln zur Herstellung von Marmelade
Einfüllen der Marmelade und Verschließen der Gläser S. 15
Aufbewahren der Gläser S. 14 ab Punkt 10.

Aprikosen-Bananen-Konfitüre

750 g ($^3/_4$ kg) Aprikosen (vorbereitet gewogen)

vorbereiten: Aprikosen waschen, gut abtropfen lassen, halbieren, entsteinen, in kleine Stücke schneiden, wiegen (750 g)

250 g ($^1/_4$ kg) Bananen (vorbereitet gewogen)

vorbereiten: Bananen schälen, längs halbieren, in Scheiben schneiden, wiegen (250 g), zu den Aprikosen geben

Schale von $^1/_2$ Zitrone (unbehandelt)
2 Gewürznelken
1 Messerspitze gemahlenen Kardamom
1 Messerspitze gemahlene Muskatblüte

unterrühren
die weitere Verarbeitung mit

1 Beutel Gelfix
1125 g ($1^1/_8$ kg) Zucker

erfolgt nach den auf S. 14

angegebenen Regeln zur Herstellung von Konfitüre, die Zitronenschale herausnehmen
Einfüllen der Konfitüre und Verschließen der Gläser S. 15
Aufbewahren der Gläser S. 14 ab Punkt 10.

Hagebutten-Konfitüre

1000 g (1 kg) Hagebutten (vorbereitet gewogen)

vorbereiten: Hagebutten verlesen, entstielen, waschen, gut abtropfen lassen, wiegen (1000 g), mit

750 ml (3/4 l) Wasser im zugedeckten Topf zum Kochen bringen, etwa 25 Minuten kochen lassen, durch ein Sieb streichen, wiegen (700 g, evtl. mit Wasser auffüllen), abkühlen lassen

3 Gewürznelken
abgeriebene Schale von 1/2 Zitrone (unbehandelt) unterrühren

die weitere Verarbeitung mit

1 Beutel Gelfix
800 g Zucker
1/2 gestrichenen Teel. gemahlenem Zimt (Zucker und Zimt mischen) erfolgt nach den auf S. 14 angegebenen Regeln zur Herstellung von Konfitüre

1–2 Eßl. Zitronensaft unterrühren

Einfüllen der Konfitüre und Verschließen der Gläser S. 15
Aufbewahren der Gläser S. 14 ab Punkt 10.

Brombeer-Konfitüre mit Gin

1000 g (1 kg) Brombeeren (vorbereitet gewogen)
vorbereiten: Brombeeren verlesen, entstielen, vorsichtig waschen, gut abtropfen lassen, wiegen (1000 g) die Früchte zerdrücken, am besten mit einem Stampfer

Schale und Saft von 1 Zitrone (unbehandelt) etwas gemahlenen Sternanis unterrühren
die weitere Verarbeitung mit

1 Beutel Gelfix 1125 g ($1^1/_4$ kg) Zucker erfolgt nach den auf S. 14 angegebenen Regeln zur Herstellung von Konfitüre, zum Schluß

3 Eßl. Gin unterrühren
Einfüllen der Konfitüre und Verschließen der Gläser S. 15
Aufbewahren der Gläser S. 14 ab Punkt 10.

Brombeer-Pfirsich-Konfitüre

500 g ($^1/_2$ kg) Brombeeren (vorbereitet gewogen)
vorbereiten: Brombeeren verlesen, vorsichtig waschen, gut abtropfen lassen, durch ein Sieb streichen wiegen (500 g)

500 g ($^1/_2$ kg) Pfirsiche (vorbereitet gewogen)
vorbereiten: Pfirsiche waschen, gut abtropfen lassen, halbieren, entsteinen, zerkleinern, wiegen (500 g) die weitere Verarbeitung mit

1 Packung (500 g) Gelier-Zucker Zwei + Eins erfolgt nach den auf S. 15 angegebenen Regeln zur Herstellung von Konfitüre mit Gelier-Zucker Zwei + Eins zum Schluß

2 Eßl. Brombeerlikör unterrühren
Einfüllen der Konfitüre und Verschließen der Gläser S. 15
Aufbewahren der Gläser S. 14 ab Punkt 10.

Schlehen-Apfel-Konfitüre

1000 g (1 kg) Schlehen (vorbereitet gewogen)
vorbereiten: Schlehen entstielen, waschen, gut abtropfen lassen, wiegen (1000 g), die Schlehen in eine Schüssel geben, mit

500 ml ($^1/_2$ l) kochendem Wasser übergießen, erkalten lassen
dann die Flüssigkeit abgießen, kurz aufkochen lassen, wieder über die Früchte geben, diesen Vorgang noch einmal wiederholen
die erkaltete Fruchtmasse durch ein Sieb streichen, so daß der Rückstand vollkommen trocken ist, wiegen (800 g)

200 g Apfelstücke (vorbereitet gewogen)
vorbereiten: Äpfel schälen, vierteln, entkernen, in sehr kleine Stücke schneiden
die weitere Verarbeitung mit

800 g Schlehenbrei 1 Beutel Gelfix 1000 g (1 kg) Zucker erfolgt nach den auf S. 14 angegebenen Regeln zur Herstellung von Konfitüre
Einfüllen der Konfitüre und Verschließen der Gläser S. 15
Aufbewahren der Gläser S. 14 ab Punkt 10.

Aprikosen-Mandel-Konfitüre

(Abb. nebenstehend)

950 g reife Aprikosen (vorbereitet gewogen)
vorbereiten: Aprikosen waschen, gut abtropfen lassen, halbieren, entsteinen, in kleine Stücke schneiden, wiegen (950 g), weitere Verarbeitung mit

125 ml ($^1/_8$ l) Rotwein 1 Beutel Gelfix 1125 g ($1^1/_8$ kg) Zucker 30 g abgezogenen, gehobelten Mandeln erfolgt nach den auf S. 14 angegebenen Regeln zur Herstellung von Konfitüre
Einfüllen der Konfitüre und Verschließen der Gläser S. 15.

Johannisbeer-Kirsch-Konfitüre

500 g (1/2 kg) rote Johannisbeeren (vorbereitet gewogen) vorbereiten: Johannisbeertrauben waschen, gut abtropfen lassen, sorgfältig verlesen, entstielen, durch ein Sieb streichen, wiegen (500 g)

500 g (1/2 kg) Süßkirschen (vorbereitet gewogen) vorbereiten: Kirschen waschen, gut abtropfen lassen, entstielen, entsteinen, vierteln, wiegen (500 g)

die weitere Verarbeitung mit

1 Beutel Gelfix Zwei + Eins
500 g (1/2 kg) Zucker erfolgt nach den auf S. 16 angegebenen Regeln zur Herstellung von Konfitüre mit Gelfix Zwei + Eins

zum Schluß

2 Eßl. Amaretto (Mandellikör) unterrühren

Einfüllen der Konfitüre und Verschließen der Gläser S. 15

Aufbewahren der Gläser S. 14 ab Punkt 10.

Rhabarber-Ingwer-Konfitüre

1000 g (1 kg) Rhabarber (vorbereitet gewogen)
vorbereiten: Rhabarber waschen, abtrocknen (nicht abziehen), in ganz kleine Stücke schneiden, wiegen (1000 g)
die weitere Verarbeitung mit

1 Beutel Gelfix
1 Teel. feingewürfelter Ingwerwurzel
1125 g ($1^1/_8$ kg) Zucker
erfolgt nach den auf S. 14 angegebenen Regeln zur Herstellung von Konfitüre
Einfüllen der Konfitüre und Verschließen der Gläser S. 15
Aufbewahren der Gläser S. 14 ab Punkt 10.

Pflaumen- oder Zwetschen-Konfitüre

1000 g (1 kg) reife Pflaumen oder Zwetschen (vorbereitet gewogen)
vorbereiten: Pflaumen (Zwetschen) waschen, einzeln mit einem Tuch abreiben oder gut abtropfen lassen, zerkleinern, wiegen (1000 g)
die weitere Verarbeitung mit

1 Packung (500 g) Gelier-Zucker Zwei + Eins
erfolgt nach den auf S. 15 angegebenen Regeln zur Herstellung von Konfitüre mit Gelier-Zucker Zwei + Eins
Einfüllen der Konfitüre und Verschließen der Gläser S. 15
Aufbewahren der Gläser S. 14 ab Punkt 10.

Mango-Melonen-Konfitüre

500 g Mangos (vorbereitet gewogen)
vorbereiten: Mangos schälen, halbieren, das Fruchtfleisch vom Stein lösen, in kleine Stücke schneiden, wiegen (500 g)

500 g Honigmelone (vorbereitet gewogen)
vorbereiten: Melone halbieren, entkernen, schälen, in kleine Stücke schneiden, wiegen (500 g)
die weitere Verarbeitung mit

1 Beutel Gelfix
1125 g ($1^1/_8$ kg) Zucker
erfolgt nach den auf S. 14 angegebenen Regeln zur Herstellung von Konfitüre
Einfüllen und Verschließen der Gläser S. 15
Aufbewahren der Gläser S. 14 ab Punkt 10.

Himbeer-Konfitüre

(Abb. nebenstehend)

1250 g ($1^1/_4$ kg) Himbeeren (vorbereitet gewogen)
vorbereiten: Himbeeren sorgfältig verlesen, evtl. entstielen, wiegen (1250 g)
die Früchte zerdrücken, am besten mit einem Stampfer
die weitere Verarbeitung mit

1 Beutel Gelfix
1250 g ($1^1/_4$ kg) Zucker
erfolgt nach den auf S. 14 angegebenen Regeln zur Herstellung von Konfitüre

Doppelkochung:
2375 g ($2^3/_8$ kg) Himbeeren (vorbereitet gewogen)
Himbeeren wie oben vorbereiten
die weitere Verarbeitung mit

2 Beuteln Gelfix
2250 g ($2^1/_4$ kg) Zucker
erfolgt nach den auf S. 14 angegebenen Regeln zur Herstellung von Konfitüre
Einfüllen der Konfitüre und Verschließen der Gläser S. 15
Aufbewahren der Gläser S. 14 ab Punkt 10.

Veränderung: Unter die Konfitüre zum Schluß 4 Eßl. Himbeergeist rühren, für eine Doppelkochung 8 Eßl. nehmen.

Kirsch-Whisky-Konfitüre

(Abb. nebenstehend)

500 g Süßkirschen
500 g Sauerkirschen (vorbereitet gewogen) vorbereiten: Kirschen waschen, gut abtropfen lassen, entstielen, entsteinen, wiegen (jeweils 500 g)
die weitere Verarbeitung mit
1 Beutel Gelfix
1125 g (1 1/8 kg) Zucker erfolgt nach den auf S. 14 angegebenen Regeln zur Herstellung von Konfitüre, zum Schluß
2 Eßl. Whisky unterrühren
Einfüllen der Konfitüre und Verschließen der Gläser S. 15
Aufbewahren der Gläser S. 14 ab Punkt 10.

Heidelbeer-Konfitüre

1000 g (1 kg) Heidelbeeren (vorbereitet gewogen)
vorbereiten: Heidelbeeren verlesen, waschen, gut abtropfen lassen, wiegen (1000 g), die Früchte zerdrücken, am besten mit einem Stampfer
die weitere Verarbeitung mit
1 Beutel Gelfix
875 g (7/8 kg) Zucker erfolgt nach den auf S. 14 angegebenen Regeln zur Herstellung von Konfitüre
Einfüllen der Konfitüre und Verschließen der Gläser S. 15
Aufbewahren der Gläser S. 14 ab Punkt 10.

Brombeer-Holunder-Konfitüre

500 g (1/2 kg) Brombeeren (vorbereitet gewogen) vorbereiten: Brombeeren verlesen, waschen, abtropfen lassen, zerdrücken, wiegen (500 g)
500 g (1/2 kg) reife Holunderbeeren (vorbereitet gewogen) vorbereiten: Holunderbeerdolden waschen, abtropfen lassen, die Beeren von den Stielen streifen, wiegen (500 g)
die Früchte miteinander vermengen

die weitere Verarbeitung mit
1 Beutel Gelfix
1125 g (1 1/8 kg) Zucker
abgeriebener Schale von 1 Zitrone (unbehandelt) erfolgt nach den auf S. 14 angegebenen Regeln zur Herstellung von Konfitüre, zum Schluß
4–5 Eßl. Brombeer-Likör unterrühren
Einfüllen der Konfitüre und Verschließen der Gläser S. 15
Aufbewahren der Gläser S. 14 ab Punkt 10.

Himbeer-Orangen-Konfitüre

Etwa 1000 g (1 kg) saftige Apfelsinen (6–7 Apfelsinen, davon 2 unbehandelt)

vorbereiten: die Apfelsinen waschen, abtrocknen, die beiden unbehandelten dünn abschälen und die Schale in feinste Streifen schneiden, die übrigen Früchte schälen, enthäuten, die Apfelsinenspalten in Stücke schneiden

250 g (1/4 kg) Himbeeren (vorbereitet gewogen)

vorbereiten: Himbeeren sorgfältig verlesen, evtl. entstielen, wiegen (250 g), die weitere Verarbeitung mit

1 Beutel Gelfix
1125 g (1 1/8 kg) Zucker

erfolgt nach den auf S. 14 angegebenen Regeln zur Herstellung von Konfitüre, zum Schluß

125 ml (1/8 l) Rotwein

hinzufügen
Einfüllen der Konfitüre und Verschließen der Gläser S. 15.

Ananas-Konfitüre

1000 g (1 kg) Ananas-Fruchtfleisch (vorbereitet gewogen)
vorbereiten: Ananas von der Schale befreien, das Fruchtfleisch zerkleinern, wiegen (1000 g)
die weitere Verarbeitung mit

1 Packung (500 g) Gelier-Zucker Zwei + Eins
erfolgt nach den auf S. 15 angegebenen Regeln zur Herstellung von Konfitüre mit Gelier-Zucker Zwei + Eins
Einfüllen der Konfitüre und Verschließen der Gläser S. 15
Aufbewahren der Gläser S. 14 ab Punkt 10.

Erdbeer-Püree

1000 g (1 kg) Erdbeeren (vorbereitet gewogen)
vorbereiten: Erdbeeren waschen, gut abtropfen lassen, sorgfältig verlesen, entstielen, pürieren, wiegen (1000 g)
die weitere Verarbeitung mit

1 Beutel Gelfix
1125 g (1 1/8 kg) Zucker
erfolgt nach den auf S. 14 angegebenen Regeln zur Herstellung von Konfitüre
zum Schluß

50 ml Apfelschnaps
unterrühren
Einfüllen der Konfitüre und Verschließen der Gläser S. 15
Aufbewahren der Gläser S. 14 ab Punkt 10.

Weintrauben-Konfitüre

1000 g (1 kg) säuerliche, grüne Weintrauben (vorbereitet gewogen)
vorbereiten: Weintrauben verlesen, waschen, halbieren, entkernen, wiegen (1000 g), die Hälfte der Weintrauben pürieren
die weitere Verarbeitung mit

1 Beutel Gelfix Zwei + Eins
500 g (1/2 kg) Zucker
erfolgt nach den auf S. 16 angegebenen Regeln zur Herstellung von Konfitüre mit Gelfix Zwei + Eins
Einfüllen der Konfitüre und Verschließen der Gläser S. 15
Aufbewahren der Gläser S. 14 ab Punkt 10.

Aprikosen-Konfitüre

(Abb. nebenstehend)

1000 g (1 kg) reife Aprikosen (vorbereitet gewogen)
vorbereiten: Aprikosen waschen, gut abtropfen lassen, halbieren, entsteinen, in kleine Stücke schneiden, wiegen (1000 g)
die weitere Verarbeitung mit

1 Beutel Gelfix
1125 g (1 1/8 kg) Zucker
erfolgt nach den auf S. 14 angegebenen Regeln zur Herstellung von Konfitüre, zum Schluß

2 Eßl. Zitronensaft
dazugeben, gut verrühren

Doppelkochung:
2000 g (2 kg) reife Aprikosen (vorbereitet gewogen)
Aprikosen wie oben vorbereiten
die weitere Verarbeitung mit

2 Beuteln Gelfix
2250 g (2 1/4 kg) Zucker
erfolgt nach den auf S. 14 angegebenen Regeln zur Herstellung von Konfitüre, zum Schluß

4 Eßl. Zitronensaft
dazugeben, gut verrühren
Einfüllen der Konfitüre und Verschließen der Gläser S. 15
Aufbewahren der Gläser S. 14 ab Punkt 10.

Veränderung: Unter die Konfitüre zum Schluß 4 Eßl. Apricot-Brandy rühren, für eine Doppelkochung 8 Eßl. nehmen.

Stachelbeer-Konfitüre

(Abb. nebenstehend)

1375 g (1 3/8 kg) reife Stachelbeeren (vorbereitet gewogen)

Aprikosen-Konfitüre, Stachelbeer-Konfitüre, Erdbeer-Konfitüre, Rezept S. 90

vorbereiten: Stachelbeeren von Stiel und Blüte befreien, sorgfältig waschen, gut abtropfen lassen, durch den Fleischwolf drehen, wiegen (1375 g)
die weitere Verarbeitung mit

1 Beutel Gelfix
1500 g ($1^1/_2$ kg)
Zucker erfolgt nach den auf S. 14 angegebenen Regeln zur Herstellung von Konfitüre

Doppelkochung:
2375 g ($2^3/_8$ kg)
reife Stachelbeeren (vorbereitet gewogen)

Stachelbeeren wie oben vorbereiten
die weitere Verarbeitung mit

2 Beuteln Gelfix
2500 g ($2^1/_2$ kg)
Zucker erfolgt nach den auf S. 14 angegebenen Regeln zur Herstellung von Konfitüre
Einfüllen der Konfitüre und Verschließen der Gläser S. 15
Aufbewahren der Gläser S. 14 ab Punkt 10.

Veränderung: Unter die Konfitüre zum Schluß 4 Eßl. Wodka rühren, für eine Doppelkochung 8 Eßl. nehmen.

Feine köstliche Gelees

Birnen-Gelee

(Abb. S. 104/105)

1500 g (1½ kg) Birnen (vorbereitet gewogen)

vorbereiten: Birnen waschen, von Stiel, Blüte und schlechten Stellen befreien, halbieren, entkernen, in kleine Stücke schneiden, wiegen (1500 g)
die Früchte in einen Kochtopf geben, mit

500 ml (½ l) Wasser im geschlossenen Topf zum Kochen bringen, weich kochen lassen
damit der Saft ablaufen kann, die Früchte auf ein gespanntes Safttuch geben, nach dem Erkalten kräftig auspressen
oder
den Saft mit einem Dampfentsafter aus der oben angegebenen Fruchtmenge – aber ohne Wasserzugabe – gewinnen
die weitere Verarbeitung mit

875 ml (⅞ l) Saft
1 Beutel Gelfix
1000 g (1 kg) Zucker erfolgt nach den auf S. 17 angegebenen Regeln zur Herstellung von Gelee

2 Eßl. feingehackte Zitronenmelisse
2 Eßl. weißen Rum zum Schluß unterrühren
Einfüllen des Gelees und Verschließen der Gläser S. 17
Aufbewahren der Gläser S. 17 ab Punkt 10.

Veränderung: Anstelle von weißem Rum Birnenlikör verwenden.

Stachelbeer-Himbeer-Gelee

1000 g (1 kg) Stachelbeeren (vorbereitet gewogen)

vorbereiten: Stachelbeeren von Stiel und Blüte befreien, gründlich waschen, gut abtropfen lassen, wiegen (1000 g)
die Früchte in einen Kochtopf geben, zerdrücken, am besten mit einem Stampfer, mit

250 ml (¼ l) Wasser unter Rühren bis kurz vor dem Kochen erhitzen (nicht kochen)
damit der Saft ablaufen kann, den Fruchtbrei auf ein gespanntes Safttuch geben, nach dem Erkalten kräftig auspressen

1200 g Himbeeren (vorbereitet gewogen)

vorbereiten: Himbeeren sorgfältig verlesen, evtl. entstielen, wiegen (1200 g)
die Früchte in einen Kochtopf geben, zerdrücken, am besten mit einem Stampfer
die Früchte mit

125 ml (⅛ l) Wasser unter Rühren bis kurz vor dem Kochen erhitzen (nicht kochen)
damit der Saft ablaufen kann, den Fruchtbrei auf ein gespanntes Safttuch geben, nach dem Erkalten kräftig auspressen
oder
den Saft mit einem Dampfentsafter aus den oben angegebenen Fruchtmengen – aber ohne Wasserzugabe – gewinnen
die weitere Verarbeitung mit

500 ml (½ l) Stachelbeersaft
750 ml (¾ l) Himbeersaft
1 Beutel Gelfix
1250 g (1¼ kg) Zucker erfolgt nach den auf S. 17 angegebenen Regeln zur Herstellung von Gelee
Einfüllen des Gelees und Verschließen der Gläser S. 17
Aufbewahren der Gläser S. 17 ab Punkt 10.

Johannisbeer-Süßkirsch-Gelee

(Abb. nebenstehend)

1250 g (1¼ kg) Johannisbeertrauben (vorbereitet gewogen)

vorbereiten: Johannisbeertrauben waschen, gut abtropfen lassen, sorgfältig verlesen (nicht entstielen), wiegen (1250 g), in einen Kochtopf geben

750 g (¾ kg) Süßkirschen (vorbereitet gewogen)

vorbereiten: Süßkirschen waschen, gut abtropfen lassen, entstielen, entsteinen, wiegen (750 g), zu den

Fortsetzung Seite 108

Johannisbeeren geben
die Früchte zerdrücken, am besten mit einem Stampfer, mit

300 ml Wasser unter Rühren bis kurz vor dem Kochen erhitzen (nicht kochen) damit der Saft ablaufen kann, den Fruchtbrei auf ein gespanntes Safttuch geben, nach dem Erkalten kräftig auspressen
oder
den Saft mit einem Dampfentsafter aus den oben angegebenen Fruchtmengen – aber ohne Wasserzugabe – gewinnen
die weitere Verarbeitung mit

1250 ml (1¼ l) Saft
1 Beutel Gelfix
1250 g (1¼ kg) Zucker erfolgt nach den auf S. 17 angegebenen Regeln zur Herstellung von Gelee
Einfüllen des Gelees und Verschließen der Gläser S. 17
Aufbewahren der Gläser S. 17 ab Punkt 10.

Stachelbeer-Gelee

1000 ml (1 l) Stachelbeersaft mit
1 Packung (500 g) Gelier-Zucker Zwei + Eins nach den auf S. 18 angegebenen Regeln zur Herstellung von Gelee mit Gelier-Zucker Zwei + Eins zubereiten
Einfüllen des Gelees und Verschließen der Gläser S. 17
Aufbewahren der Gläser S. 17 ab Punkt 10.

Johannisbeer-Gelee

aus schwarzen Johannisbeeren

(Abb. S. 109)

2000 g (2 kg) Johannisbeertrauben (vorbereitet gewogen)

vorbereiten: Johannisbeertrauben waschen, gut abtropfen lassen, sorgfältig verlesen (nicht entstielen), wiegen (2000 g)
die Früchte in einen Kochtopf geben, zerdrücken, am besten mit einem Stampfer, mit

1500 ml (1½ l) Wasser unter Rühren bis kurz vor dem Kochen erhitzen (nicht kochen) damit der Saft ablaufen kann, den Fruchtbrei auf ein gespanntes Safttuch geben, nach dem Erkalten kräftig auspressen
oder
den Saft mit einem Dampfentsafter aus der oben angegebenen Fruchtmenge – aber ohne Wasserzugabe – gewinnen
die weitere Verarbeitung mit

2000 ml (2 l) Saft
1 Beutel Gelfix
2000 g (2 kg) Zucker erfolgt nach den auf S. 17 angegebenen Regeln zur Herstellung von Gelee

Doppelkochung:
3500 g (3½ kg) Johannisbeertrauben (vorbereitet gewogen)
2500 ml (2½ l) Wasser wie im Rezept angegeben verarbeiten
die weitere Verarbeitung mit

3500 ml (3½ l) Saft
2 Beuteln Gelfix
3500 g (3½ kg) Zucker erfolgt nach den auf S. 17 angegebenen Regeln zur Herstellung von Gelee
Einfüllen des Gelees und Verschließen der Gläser S. 17
Aufbewahren der Gläser S. 17 ab Punkt 10.

Johannisbeer-Gelee

aus roten Johannisbeeren

(Abb. S. 109)

2000 g (2 kg) Johannisbeertrauben (vorbereitet gewogen)

vorbereiten: Johannisbeertrauben waschen, gut abtropfen lassen, sorgfältig verlesen (nicht entstielen), wiegen (2000 g)
die Früchte in einen Kochtopf geben, zerdrücken, am besten mit einem Stampfer, mit

500 ml (½ l) Wasser unter Rühren bis kurz vor dem Kochen erhitzen (nicht kochen) damit der Saft ablaufen kann, den Fruchtbrei auf ein gespanntes Safttuch geben, nach dem Erkalten kräftig auspressen
oder
den Saft mit einem Dampfentsafter

aus der oben angegebenen Fruchtmenge – aber ohne Wasserzugabe – gewinnen
die weitere Verarbeitung mit

1500 ml ($1^1/_2$ l) Saft
1 Beutel Gelfix
1750 g ($1^3/_4$ kg) Zucker erfolgt nach den auf S. 17 angegebenen Regeln zur Herstellung von Gelee

Doppelkochung:
3750 g ($3^3/_4$ kg) Johannisbeertrauben (vorbereitet gewogen)
875 ml ($^7/_8$ l) Wasser wie im Rezept angegeben verarbeiten
die weitere Verarbeitung mit

2750 ml ($2^3/_4$ l) Saft
2 Beuteln Gelfix
3000 g (3 kg) Zucker erfolgt nach den auf S. 17 angegebenen Regeln zur Herstellung von Gelee
Einfüllen des Gelees und Verschließen der Gläser S. 17
Aufbewahren der Gläser S. 17 ab Punkt 10.

Ingwer-Gelee

(Abb. nebenstehend)

150 g Ingwerwurzel (vorbereitet gewogen)
vorbereiten: Ingwerwurzel schälen, in kleine Stücke schneiden, wiegen (150 g), in einen Kochtopf geben

2–3 große Apfelsinen (davon 1 unbehandelt) waschen, abtrocknen, die unbehandelte Apfelsine dünn schälen, die Schale zu dem Ingwer geben, mit
800 ml Wasser im zugedeckten Topf zum Kochen bringen, 30 Minuten kochen lassen (es darf kein Dampf entweichen), erkalten lassen, auf ein Sieb geben
die Apfelsinen auspressen, 200 ml Saft abmessen, mit Kochwasser auf 800 ml auffüllen
die weitere Verarbeitung mit

1 Beutel Gelfix
1000 g (1 kg) Zucker erfolgt nach den auf S. 17 angegebenen Regeln zur Herstellung von Gelee
Einfüllen des Gelees und Verschließen der Gläser S. 17
Aufbewahren der Gläser S. 17 ab Punkt 10.

Erdbeer-Gelee

1250 g ($1^1/_4$ kg) Erdbeeren (vorbereitet gewogen) vorbereiten: Erdbeeren waschen, gut abtropfen lassen, sorgfältig verlesen, entstielen, wiegen (1250 g) die Früchte in einen Kochtopf geben, zerdrücken, am besten mit einem Stampfer, mit

125 ml ($^1/_8$ l) Wasser unter Rühren bis kurz vor dem Kochen erhitzen (nicht kochen) damit der Saft ablaufen kann, den Fruchtbrei auf ein gespanntes Safttuch geben, nach dem Erkalten kräftig auspressen, oder
den Saft mit einem Dampfentsafter aus der oben angegebenen Fruchtmenge – aber ohne Wasserzugabe – gewinnen
die weitere Verarbeitung mit

Fortsetzung Seite 110

750 ml (3/4 l) Saft
1 Beutel Gelfix
1000 g (1 kg) Zucker erfolgt nach den auf S. 17 angegebenen Regeln zur Herstellung von Gelee
Einfüllen des Gelees und Verschließen der Gläser S. 17
Aufbewahren der Gläser S. 17 ab Punkt 10.

Quitten-Gelee

(Abb. S. 109)

1500 g (1 1/2 kg) reife Quitten (vorbereitet gewogen) vorbereiten: Quitten trocken abreiben, um den Flaum zu entfernen, die Quitten waschen, von Stiel, Blüte und schlechten Stellen befreien, in Stücke schneiden, wiegen (1500 g) die Früchte in einen Kochtopf geben, mit
1125 ml (1 1/8 l) Wasser im geschlossenen Topf zum Kochen bringen, weich kochen lassen
damit der Saft ablaufen kann, den Fruchtbrei auf ein gespanntes Safttuch geben (den Fruchtbrei nicht auspressen)
oder
den Saft mit einem Dampfentsafter aus der oben angegebenen Fruchtmenge – aber ohne Wasserzugabe – gewinnen
die weitere Verarbeitung mit
875 ml (7/8 l) Saft
1 Beutel Gelfix
1000 g (1 kg) Zucker erfolgt nach den auf S. 17 angegebenen Regeln zur Herstellung von Gelee
Einfüllen des Gelees und Verschließen der Gläser S. 17
Aufbewahren der Gläser s. Regeln S. 17 ab Punkt 10.

Pfirsich-Gelee

(Abb. S. 111)

750 ml (3/4 l) Pfirsichsaft
1 Beutel Gelfix Zwei + Eins
400 g Zucker nach den auf S. 17 angegebenen Regeln zur Herstellung von Gelee mit Gelfix Zwei + Eins zubereiten
zum Schluß
2 Eßl. Apricot Brandy
1 Eßl. Zitronensaft unterrühren
Einfüllen des Gelees und Verschließen der Gläser S. 18
Aufbewahren der Gläser S. 17 ab Punkt 10.

Johannisbeer-Gelee

aus Saft

750 ml (3/4 l) Johannisbeersaft
1 Beutel Gelfix Zwei + Eins
400 g Zucker nach den auf S. 17 angegebenen Regeln zur Herstellung von Gelee mit Gelfix Zwei + Eins zubereiten
Einfüllen des Gelees und Verschließen der Gläser S. 18
Aufbewahren der Gläser S. 17 ab Punkt 10.

Pflaumen- oder Zwetschen-Gelee

750 ml (3/4 l) Pflaumen- oder Zwetschensaft
1 Beutel Gelfix Zwei + Eins
400 g Zucker
knapp 1/2 gestrichenen Teel. gemahlenen Zimt
1 Prise gemahlene Gewürznelken
1 Prise gemahlene Muskatblüte nach den auf S. 17 angegebenen Regeln zur Herstellung von Gelee mit Gelfix Zwei + Eins zubereiten
Einfüllen des Gelees und Verschließen der Gläser S. 18
Aufbewahren der Gläser S. 17 ab Punkt 10.

Tip: Unter das fertige Pflaumen- oder Zwetschen-Gelee nach Belieben 2–3 Eßl. Zwetschenwasser rühren.

BRANDY

Rhabarber-Gelee

1250 g (1¼ kg) Rhabarber (vorbereitet gewogen)

vorbereiten: Rhabarber waschen, abtrocknen (nicht abziehen), in ganz kleine Stücke schneiden, wiegen (1250 g), mit

375 ml (⅜ l) Wasser bis kurz vor dem Kochen erhitzen, 5 Minuten im geschlossenen Topf ziehen lassen

damit der Saft ablaufen kann, den Fruchtbrei auf ein gespanntes Safttuch geben, nach dem Erkalten kräftig auspressen

oder

den Saft mit einem Dampfentsafter aus der oben angegebenen Fruchtmenge – aber ohne Wasserzugabe – gewinnen

die weitere Verarbeitung mit

800 ml Saft
1 Beutel Gelfix
1000 g (1 kg) Zucker erfolgt nach den auf S. 17 angegebenen Regeln zur Herstellung von Gelee

Einfüllen des Gelees und Verschließen der Gläser S. 17

Aufbewahren der Gläser S. 17 ab Punkt 10.

Holunder-Apfel-Gelee

600 g Holunderbeerdolden (vorbereitet gewogen)

vorbereiten: Holunderbeerdolden waschen, gut abtropfen lassen, sorgfältig verlesen (nicht entstielen), wiegen (600 g)

die Früchte in einen Kochtopf geben, zerdrücken, am besten mit einem Stampfer, mit

200 ml Wasser unter Rühren bis kurz vor dem Kochen erhitzen (nicht kochen)

damit der Saft ablaufen kann, den Fruchtbrei auf ein gespanntes Safttuch geben, nach dem Erkalten kräftig auspressen

500 g (½ kg) Äpfel (vorbereitet gewogen)

vorbereiten: Äpfel waschen, von Blüte, Stiel und schlechten Stellen befreien, halbieren, entkernen, in kleine Stücke schneiden, wiegen (500 g)

die Früchte in einen Kochtopf geben, mit

375 ml (⅜ l) Wasser im geschlossenen Topf zum Kochen bringen, weich kochen lassen

damit der Saft ablaufen kann, den Fruchtbrei auf ein gespanntes Safttuch geben (den Fruchtbrei nicht auspressen)

oder

den Saft mit einem Dampfentsafter aus den oben angegebenen Fruchtmengen – aber ohne Wasserzugabe – gewinnen

die weitere Verarbeitung mit

400 ml Holunderbeersaft
200 ml Apfelsaft
1 Beutel Gelfix
900 g Zucker erfolgt nach den auf S. 17 angegebenen Regeln zur Herstellung von Gelee

Einfüllen des Gelees und Verschließen der Gläser S. 17

Aufbewahren der Gläser S. 17 ab Punkt 10.

Exotisches Dreifrucht-Gelee

1000 ml (1 l) Fruchtsaft von 6–8 Orangen 2 Grapefruits 7–8 Kiwis

vorbereiten: Orangen und Grapefruits halbieren, auspressen, den Saft durch ein Sieb geben
Kiwis halbieren, vorsichtig auspressen, zu dem Orangen-Grapefruit-Saft geben
die weitere Verarbeitung mit

1000 ml (1 l) Saft 1 Beutel Gelfix 1125 g (1 1/8 kg) Zucker erfolgt nach den auf S. 17 angegebenen Regeln zur Herstellung von Gelee
zum Schluß

100 ml (0,1 l) weißen Rum unterrühren
Einfüllen des Gelees und Verschließen der Gläser S. 17
Aufbewahren der Gläser S. 17 ab Punkt 10.

Johannisbeer-Gelee

mit Gelfix Zwei + Eins

750 ml (3/4 l) Johannisbeersaft mit
1 Beutel Gelfix Zwei + Eins 400 g Zucker nach den auf S. 17 angegebenen Regeln zur Herstellung von Gelee mit Gelfix Zwei + Eins zubereiten
Einfüllen des Gelees und Verschließen der Gläser S. 18.

Maracuja-Gelee

750 ml (3/4 l) Maracuja-Saft mit dem
Saft von 1 Zitrone 1 Beutel Gelfix Zwei + Eins 400 g Zucker nach den auf S. 17 angegebenen Regeln zur Herstellung von Gelee mit Gelfix Zwei + Eins zubereiten
Einfüllen des Gelees und Verschließen der Gläser S. 18
Aufbewahren der Gläser S. 17 ab Punkt 10.

Kirschäpfel-Gelee

1000 ml (1 l) Kirschäpfelsaft	mit
1 Packung (500 g) Gelier-Zucker Zwei + Eins	nach den auf S. 18 angegebenen Regeln zur Herstellung von Gelee mit Gelier-Zucker Zwei + Eins zubereiten Einfüllen des Gelees und Verschließen der Gläser S. 18 Aufbewahren der Gläser S. 17 ab Punkt 10.

Josta-Gelee

1000 ml (1 l) Jostasaft	mit
1 Packung (500 g) Gelier-Zucker Zwei + Eins	nach den auf S. 18 angegebenene Regeln zur Herstellung von Gelee mit Gelier-Zucker Zwei + Eins zubereiten Einfüllen des Gelees und Verschließen der Gläser S. 18 Aufbewahren der Gläser S. 17 ab Punkt 10.

Holunderbeer-Gelee

900 g Holunderbeerdolden (vorbereitet gewogen)	vorbereiten: Holunderbeerdolden waschen, gut abtropfen lassen, sorgfältig verlesen (nicht entstielen), wiegen (900 g) die Früchte in einen Kochtopf geben, zerdrücken, am besten mit einem Stampfer, mit
250 ml ($^{1}/_{4}$ l) Wasser	unter Rühren bis kurz vor dem Kochen erhitzen (nicht kochen) damit der Saft ablaufen kann, den Fruchtbrei auf ein gespanntes Safttuch geben, nach dem Erkalten kräftig auspressen oder den Saft mit einem Dampfentsafter aus der oben angegebenen Fruchtmenge – aber ohne Wasserzugabe – gewinnen die weitere Verarbeitung mit
600 ml Saft 1 Beutel Gelfix 900 g Zucker	erfolgt nach den auf S. 17 angegebenen Regeln zur Herstellung von Gelee Einfüllen des Gelees und Verschließen der Gläser S. 17 Aufbewahren der Gläser S. 17 ab Punkt 10.

Zitronen-Gelee

(Abb. nebenstehend)

4 Zitronen (unbehandelt)	waschen, abtrocknen, dünn schälen, die Schalen in einen Kochtopf geben, mit
700 ml Wasser	im geschlossenen Topf zum Kochen bringen, 15 Minuten kochen lassen (es darf kein Dampf entweichen) das Kochwasser etwas abkühlen lassen, die Zitronenschalen herausnehmen die Zitronen auspressen, mit dem Kochwasser auf 750 ml ($^{3}/_{4}$ l) auffüllen die weitere Verarbeitung mit
1 Beutel Gelfix 875 g ($^{7}/_{8}$ kg) Zucker	erfolgt nach den auf S. 17 angegebenen Regeln zur Herstellung von Gelee Einfüllen des Gelees und Verschließen der Gläser S. 17 Aufbewahren der Gläser S. 17 ab Punkt 10.
Veränderung:	Einige in Stücke geschnittene Zitronenspalten mitkochen.

Orangen-Gelee mit Whisky

(Abb. nebenstehend)

750 ml ($^{3}/_{4}$ l) Orangensaft (von 14 Orangen)	vorbereiten: die Orangen halbieren, den Saft auspressen die weitere Verarbeitung mit
750 ml ($^{3}/_{4}$ l) Saft 1 Beutel Gelfix 875 g Zucker	erfolgt nach den auf S. 17 angegebenen Regeln zur Herstellung von Gelee zum Schluß
125 ml ($^{1}/_{8}$ l) Whisky	unterrühren Einfüllen des Gelees und Verschließen der Gläser S. 17 Aufbewahren der Gläser S. 17 ab Punkt 10.

Limonen-Gelee
(Abb. oben)

250 ml (1/4 l) Limonensaft (von etwa 7 Limonen, davon 1 unbehandelt) vorbereiten: die Limonen waschen, abtrocknen, die unbehandelte Limone dünn schälen, die Früchte halbieren, den Saft auspressen
die weitere Verarbeitung mit
250 ml (1/4 l) Saft
Schale von 1 Limone
500 ml (1/2 l) Wasser
1 Beutel Gelfix
1000 g (1 kg) Zucker erfolgt nach den auf S. 17 angegebenen Regeln zur Herstellung von Gelee
die Limonenschale herausnehmen, das Gelee evtl. abschäumen
Einfüllen des Gelees und Verschließen der Gläser S. 17
Aufbewahren der Gläser S. 17 ab Punkt 10.

Veränderung: In Scheiben geschnittene Limonen (unbehandelt) und verlesene Rosinen mitkochen.

Pampelmusen-Gelee
(Abb. oben)

500 ml (1/2 l) Pampelmusen-saft (von etwa 5 Pampelmusen, davon 1 unbehandelt)
vorbereiten: die Pampelmusen waschen, abtrocknen, 1/2 Pampelmuse dünn schälen, die Früchte halbieren, den Saft auspressen
die weitere Verarbeitung mit
500 ml (1/2 l) Saft
Schale von 1/2 Pampelmuse
250 ml (1/4 l) Wasser
1 Beutel Gelfix
1000 g (1 kg) Zucker erfolgt nach den auf S. 17 angegebenen Regeln zur Herstellung von Gelee
die Pampelmusenschale herausnehmen, das Gelee evtl. abschäumen
Einfüllen des Gelees und Verschließen der Gläser S. 17
Aufbewahren der Gläser S. 17 ab Punkt 10.

Stachelbeer-Gelee mit Aprikosen

800 g Stachelbeeren (vorbereitet gewogen)
vorbereiten: Stachelbeeren von Stiel und Blüte befreien, gründlich waschen, gut abtropfen lassen, wiegen (800 g)
die Früchte in einen Kochtopf geben, zerdrücken, am besten mit einem Stampfer, mit

125 ml (1/8 l) Wasser
unter Rühren bis kurz vor dem Kochen erhitzen (nicht kochen)
damit der Saft ablaufen kann, den Fruchtbrei auf ein gespanntes Safttuch geben, nach dem Erkalten kräftig auspressen
oder
den Saft mit einem Dampfentsafter aus der oben angegebenen Fruchtmenge – aber ohne Wasserzugabe – gewinnen

600 g Aprikosen (vorbereitet gewogen)
vorbereiten: Aprikosen waschen, gut abtropfen lassen, halbieren, entsteinen, in kleine Stücke schneiden, wiegen (600 g), mit

400 ml Stachelbeersaft
in einen Kochtopf geben
die weitere Verarbeitung mit

1 Beutel Gelfix Zwei + Eins
400 g Zucker
erfolgt nach den auf S. 17 angegebenen Regeln zur Herstellung von Gelee mit Gelfix Zwei + Eins
Einfüllen des Gelees und Verschließen der Gläser S. 18
Aufbewahren der Gläser S. 17 ab Punkt 10.

Sauerkirsch-Gelee

1000 ml (1 l) Sauerkirschsaft
mit

1 Packung (500 g) Gelier-Zucker Zwei + Eins
nach den auf S. 18 angegebenen Regeln zur Herstellung von Gelee mit Gelier-Zucker Zwei + Eins zubereiten
Einfüllen des Gelees und Verschließen der Gläser S. 18
Aufbewahren der Gläser S. 17 ab Punkt 10.

Nektarinen-Gelee

(Abb. nebenstehend)

250 g (1/4 kg) Nektarinen (vorbereitet gewogen)
vorbereiten: Nektarinen waschen, gut abtropfen lassen, halbieren, entsteinen, in kleine Stücke schneiden, wiegen (250 g), mit

500 ml (1/2 l) Nektarinensaft
in einen Kochtopf geben
die weitere Verarbeitung mit

1 Beutel Gelfix Zwei + Eins
400 g Zucker
erfolgt nach den auf S. 17 angegebenen Regeln zur Herstellung von Gelee mit Gelfix Zwei + Eins
zum Schluß

5 Eßl. Weißwein
unterrühren
Einfüllen des Gelees und Verschließen der Gläser S. 18
Aufbewahren der Gläser S. 17 ab Punkt 10.

Ebereschen-Gelee

1000 g (1 kg) Ebereschen-Beeren (vorbereitet gewogen)
vorbereiten: die Beeren von den Dolden pflücken, waschen, gut abtropfen lassen, sorgfältig verlesen, wiegen (1000 g)
die Beeren mit

250 ml (1/4 l) Wasser
in einen Kochtopf geben, zum Kochen bringen, etwa 30 Minuten kochen lassen, die Beeren zerdrükken, am besten mit einem Stampfer
damit der Saft ablaufen kann, den Fruchtbrei auf ein gespanntes Safttuch geben, nach dem Erkalten kräftig auspressen
den Saft mit

Wasser
auf 1 l Flüssigkeit ergänzen
die weitere Verarbeitung mit

1 Beutel Gelfix
1125 g (1 1/8 kg) Zucker
erfolgt nach den auf S. 17 angegebenen Regeln zur Herstellung von Gelee
Einfüllen des Gelees und Verschließen der Gläser S. 17
Aufbewahren der Gläser S. 17 ab Punkt 10.

Johannisbeer-Himbeer-Gelee

750 g ($^3/_4$ kg) rote Johannisbeertrauben (vorbereitet gewogen)

vorbereiten: Johannisbeertrauben waschen, abtropfen lassen, sorgfältig verlesen (nicht entstielen), wiegen (750 g)
die Früchte zerdrücken, am besten mit einem Stampfer, mit

750 g ($^3/_4$ kg) Himbeeren (vorbereitet gewogen)

vorbereiten: Himbeeren sorgfältig verlesen, evtl. entstielen, wiegen (750 g),
mit den Johannisbeertrauben in einen Kochtopf geben, mit

250 ml ($^1/_4$ l) Wasser unter Rühren bis kurz vor dem Kochen erhitzen (nicht kochen lassen)
damit der Saft ablaufen kann, den Fruchtbrei auf ein gespanntes Safttuch geben, nach dem Erkalten kräftig auspressen
oder
den Saft mit einem Dampfentsafter aus der oben angegebenen Fruchtmenge – aber ohne Wasserzugabe gewinnen
die weitere Verarbeitung mit

1125 ml ($1^1/_8$ l) Saft
1 Beutel Gelfix
1375 g ($1^3/_8$ kg) Zucker erfolgt nach den auf S. 17 angegebenen Regeln zur Herstellung von Gelee
Einfüllen des Gelees und Verschließen der Gläser S. 17
Aufbewahren der Gläser S. 17 ab Punkt 10.

Stachelbeer-Gelee mit Bananen

250 g Bananen (vorbereitet gewogen)

vorbereiten: Bananen schälen, längs halbieren, in Scheiben schneiden, wiegen (250 g), mit

1 Eßl. Zitronensaft
750 ml ($^3/_4$ l) Stachelbeersaft in einen Kochtopf geben
die weitere Verarbeitung mit

1 Packung (500 g) Gelier-Zucker Zwei + Eins erfolgt nach den auf S. 18 angegebenen Regeln zur Herstellung von Gelee mit Gelier-Zucker Zwei + Eins
Einfüllen des Gelees und Verschließen der Gläser S. 18
Aufbewahren der Gläser S. 17 ab Punkt 10.

Preiselbeer-Gelee mit Cidre

500 ml ($^1/_2$ l) Preiselbeersaft
250 ml ($^1/_4$ l) Cidre, lieblich
1 Beutel Gelfix Zwei + Eins
400 g Zucker nach den auf S. 17 angegebenen Regeln zur Herstellung von Gelee mit Gelfix Zwei + Eins zubereiten
Einfüllen des Gelees und Verschließen der Gläser S. 18
Aufbewahren der Gläser S. 17 ab Punkt 10.

Himbeer-Gelee mit Zitronenmelisse

1250 g (1¼ kg) Himbeeren (vorbereitet gewogen)
vorbereiten: Himbeeren sorgfältig verlesen, evtl. entstielen, wiegen (1250 g), in einen Kochtopf geben, zerdrücken, am besten mit einem Stampfer, mit

125 ml (⅛ l) Wasser
unter Rühren bis kurz vor dem Kochen erhitzen (nicht kochen) damit der Saft ablaufen kann, den Fruchtbrei auf ein gespanntes Safttuch geben, nach dem Erkalten kräftig auspressen
oder
den Saft mit einem Dampfentsafter aus der oben angegebenen Fruchtmenge – aber ohne Wasserzugabe – gewinnen
die weitere Verarbeitung mit

800 ml Saft
Schale von ½ Zitrone (unbehandelt)
1 Beutel Gelfix
1000 g (1 kg) Zucker
erfolgt nach den auf S. 17 angegebenen Regeln zur Herstellung von Gelee
die Zitronenschale herausnehmen, das Gelee evtl. abschäumen

2 Eßl. gehackte Zitronenmelisse
Mark aus 1 Vanilleschote
unterrühren
Einfüllen des Gelees und Verschließen der Gläser S. 17.

Rhabarber-Orangen-Gelee

1250 g (1¼ kg) Rhabarber (vorbereitet gewogen)
vorbereiten: Rhabarber waschen, abtrocknen (nicht abziehen), in ganz kleine Stücke schneiden, wiegen (1250 g), mit

375 ml (⅜ l) Wasser
bis kurz vor dem Kochen erhitzen, 5 Minuten im geschlossenen Topf ziehen lassen
damit der Saft ablaufen kann, den Fruchtbrei auf ein gespanntes Safttuch geben, nach dem Erkalten kräftig auspressen oder
den Saft mit einem Dampfentsafter

Fortsetzung S. 120

aus der oben angegebenen Fruchtmenge – aber ohne Wasserzugabe – gewinnen

1 Eßl. feingeschnittene Orangenschale (unbehandelt) in
3 Eßl. Wasser weich dünsten lassen
die weitere Verarbeitung mit

750 ml ($^3/_4$ l) Rhabarbersaft
3–4 Eßl. Orangensaft
Orangenschale
1 Beutel Gelfix
1000 g (1 kg) Zucker erfolgt nach den auf S. 17 angegebenen Regeln zur Herstellung von Gelee
Einfüllen des Gelees und Verschließen der Gläser S. 17
Aufbewahren der Gläser S. 17 ab Punkt 10.

Apfel-Gelee

1500 g ($1^1/_2$ kg) Äpfel (vorbereitet gewogen)

vorbereiten: Äpfel waschen, von Blüte, Stiel und schlechten Stellen befreien, vierteln, entkernen, kleinschneiden, wiegen (1500 g)
die Früchte in einen Kochtopf geben, mit

1000 ml (1 l) Wasser zum Kochen bringen, weich kochen
damit der Saft ablaufen kann, den Fruchtbrei auf ein gespanntes Safttuch geben (nicht auspressen) oder den Saft mit einem Dampfentsafter aus der oben angegebenen Fruchtmenge – aber ohne Wasserzugabe – gewinnen
die weitere Verarbeitung mit

900 ml Saft
1 Beutel Gelfix
1000 g (1 kg) Zucker
1 Päckchen Vanillin-Zucker (mit dem Zucker mischen) erfolgt nach den auf S. 17 angegebenen Regeln zur Herstellung von Gelee

Doppelkochung:
2500 g ($2^1/_2$ kg) Äpfel (vorbereitet gewogen)
2000 ml (2 l) Wasser wie im Rezept angegeben verarbeiten
die weitere Verarbeitung mit

1750 ml ($1^3/_4$ l) Saft
2 Beuteln Gelfix
2000 g (2 kg) Zucker
2 Päckchen Vanillin-Zucker (mit dem Zucker gemischt) erfolgt nach den auf S. 17 angegebenen Regeln zur Herstellung von Gelee
Einfüllen des Gelees und Verschließen der Gläser S. 17
Aufbewahren der Gläser S. 17 ab Punkt 10.

Himbeer-Johannisbeer-Gelee

(Abb. S. 121)

750 g ($^3/_4$ kg) Himbeeren (vorbereitet gewogen)

vorbereiten: Himbeeren sorgfältig verlesen, evtl. entstielen, wiegen

(750 g), in einen Kochtopf geben

750 g (3/4 kg) rote Johannisbeertrauben (vorbereitet gewogen)

vorbereiten: Johannisbeertrauben waschen, gut abtropfen lassen, sorgfältig verlesen (nicht entstielen), wiegen (750 g), zu den Himbeeren geben
die Früchte zerdrücken, am besten mit einem Stampfer, mit

250 ml (1/4 l) Wasser unter Rühren bis kurz vor dem Kochen erhitzen (nicht kochen)
damit der Saft ablaufen kann, den Fruchtbrei auf ein gespanntes Safttuch geben, nach dem Erkalten kräftig auspressen oder
den Saft mit einem Dampfentsafter aus der oben angegebenen Fruchtmenge – aber ohne Wasserzugabe – gewinnen
die weitere Verarbeitung mit

1125 ml (1 1/8 l) Saft
1 Beutel Gelfix
1375 g (1 3/8 kg) Zucker erfolgt nach den auf S. 17 angegebenen Regeln zur Herstellung von Gelee

Einfüllen des Gelees und Verschließen der Gläser S. 17
Aufbewahren der Gläser S. 17 ab Punkt 10.

Brombeer-Gelee mit Nektarinen

(Abb. oben)

250 g (1/4 kg) Nektarinen (vorbereitet gewogen)

vorbereiten: Nektarinen waschen, gut abtropfen lassen, halbieren, entsteinen, in sehr kleine Stücke schneiden, wiegen (250 g), mit

500 ml (1/2 l) Brombeersaft in einen Kochtopf geben
die weitere Verarbeitung mit

1 Beutel Gelfix Zwei + Eins
400 g Zucker erfolgt nach den auf S. 17 angegebenen Regeln zur Herstellung von Gelee mit Gelfix Zwei + Eins
Einfüllen des Gelees und Verschließen der Gläser S. 18
Aufbewahren der Gläser S. 17 ab Punkt 10.

Apfelsinen-Gelee

4 Apfelsinen (unbehandelt) waschen, abtrocknen, dünn schälen, die Schalen in einen Kochtopf geben, mit

375 ml (3/8 l) Wasser im geschlossenen Topf zum Kochen bringen, 15 Minuten kochen lassen (es darf kein Dampf entweichen) das Kochwasser etwas abkühlen lassen, die Apfelsinenschalen herausnehmen, die Apfelsinen auspressen, mit Kochwasser auf 750 ml (3/4 l) auffüllen die weitere Verarbeitung mit

1 Beutel Gelfix
875 g (7/8 kg) Zucker erfolgt nach den auf S. 17 angegebenen Regeln zur Herstellung von Gelee

Einfüllen des Gelees und Verschließen der Gläser S. 17
Aufbewahren der Gläser S. 17 ab Punkt 10.

Veränderung: Unbehandelte Apfelsinenschale (spiralförmig geschält) mitkochen.

Brombeer-Gelee

1750 g (1 3/4 kg) Brombeeren (vorbereitet gewogen)
vorbereiten: Brombeeren verlesen, entstielen, vorsichtig waschen, wiegen (1750 g) die Früchte in einen Kochtopf geben, zerdrücken, am besten mit einem Stampfer, mit

250 ml (1/4 l) Wasser unter Rühren bis kurz vor dem Kochen erhitzen (nicht kochen) damit der Saft ablaufen kann, den Fruchtbrei auf ein gespanntes Safttuch geben, nach dem Erkalten kräftig auspressen
oder
den Saft mit einem Dampfentsafter aus der oben angegebenen Fruchtmenge – aber ohne Wasserzugabe – gewinnen
die weitere Verarbeitung mit

1125 ml (1 1/8 l) Saft
1 Beutel Gelfix
1250 g (1 1/4 kg) Zucker erfolgt nach den auf S. 17 angegebenen Regeln zur Herstellung von Gelee

Einfüllen des Gelees und Verschließen der Gläser S. 17
Aufbewahren der Gläser S. 17 ab Punkt 10.

Brombeer-Apfel-Gelee

(Abb. nebenstehend)

1000 g (1 kg) Brombeeren (vorbereitet gewogen)
vorbereiten: Brombeeren verlesen, entstielen, vorsichtig waschen, wiegen (1000 g) die Früchte in einen Kochtopf geben, zerdrücken, am besten mit einem Stampfer, mit

125 ml (1/8 l) Wasser unter Rühren bis kurz vor dem Kochen erhitzen, (nicht kochen) damit der Saft ablaufen kann, den Fruchtbrei auf ein gespanntes Safttuch geben, nach dem Erkalten kräftig auspressen

1250 g (1 1/8 kg) säuerliche Äpfel (vorbereitet gewogen)
vorbereiten: Äpfel waschen, von Blüte, Stiel und schlechten Stellen befreien, halbieren, entkernen, in kleine Stücke schneiden, wiegen (1250 g) die Früchte in einen Kochtopf geben, mit

250 ml (1/4 l) Wasser im geschlossenen Topf zum Kochen bringen, weich kochen lassen damit der Saft ablaufen kann, den Fruchtbrei auf ein gespanntes Safttuch geben (den Fruchtbrei nicht auspressen) oder
den Saft der beiden Früchte mit einem Dampfentsafter aus den im Rezept angegebenen Fruchtmengen – aber ohne Wasserzugabe – gewinnen

Brombeer- und Apfelsaft zusammengießen und 1 1/2 l abmessen
die weitere Verarbeitung mit

1 Beutel Gelfix
1500 g (1 1/2 kg) Zucker erfolgt nach den auf S. 17 angegebenen Regeln zur Herstellung von Gelee

Einfüllen des Gelees und Verschließen der Gläser S. 17
Aufbewahren der Gläser S. 17 ab Punkt 10.

Apfelkraut

(Abb. nebenstehend)

10 kg süße Äpfel (vorbereitet gewogen)

vorbereiten: Äpfel waschen, von Blüte, Stiel und schlechten Stellen befreien, vierteln, entkernen, kleinschneiden, wiegen (10 kg)
die Apfelstücke in 2 Portionen (ohne Zucker) in den Dampfentsafter geben (S. 19 Punkt 12), etwa 1 Stunde entsaften
15 Minuten vor Beendigung der Entsaftungszeit 1 Flasche Saft abfüllen und nochmals über das Obst gießen
den gewonnenen Apfelsaft in einen breiten Kochtopf geben, zum Kochen bringen, zu einem dicken braunen Sirup einkochen lassen
Einfüllen des Apfel-Krauts und Verschließen der Gläser S. 17
Aufbewahren der Gläser S. 17 ab Punkt 10.

Weintrauben-Gelee

aus grünen Trauben

2250 g (2 1/4 kg) grüne Weintrauben (vorbereitet gewogen)

vorbereiten: Weintrauben verlesen, waschen, wiegen (2250 g)
die Früchte in einen Kochtopf geben, zerdrücken, am besten mit einem Stampfer, mit

125 ml (1/8 l) Wasser

unter Rühren bis kurz vor dem Kochen erhitzen (nicht kochen)
damit der Saft ablaufen kann, den Fruchtbrei auf ein gespanntes Safttuch geben, nach dem Erkalten kräftig auspressen
oder
den Saft mit einem Dampfentsafter aus der oben angegebenen Fruchtmenge – aber ohne Wasserzugabe – gewinnen
die weitere Verarbeitung mit

1125 ml (1 1/8 l) Saft
1 Beutel Gelfix
1375 g (1 3/8 kg) Zucker

erfolgt nach den auf S. 17 angegebenen Regeln zur Herstellung von Gelee
Einfüllen des Gelees und Verschließen der Gläser S. 17
Aufbewahren der Gläser S. 17 ab Punkt 10.

Holunder-Gelee mit Birnen

250 g weiche Birnen (vorbereitet gewogen)

vorbereiten: Birnen schälen, vierteln, entkernen, in sehr kleine

Stücke schneiden, wiegen (250 g), mit

750 ml ($^3/_4$ l) Holunderbeersaft in einen Kochtopf geben, die weitere Verarbeitung mit

1 Packung (500 g) Gelier-Zucker Zwei + Eins erfolgt nach den auf S. 18 angegebenen Regeln zur Herstellung von Gelee mit Gelier-Zucker Zwei + Eins

Einfüllen des Gelees und Verschließen der Gläser S. 18

Aufbewahren der Gläser S. 17 ab Punkt 10.

Holunderbeeren: Flieder- oder Hollerbeeren, werden gern zu Suppen, Kompott, Fruchtwein und Branntwein verarbeitet. Durch die wertvolle Zusammenstellung von Fruchtsäuren und Mineralstoffen wird diese Frucht auch zu Heilzwecken verwendet. Heißer Holunderbeer-Saft ist ein bewährtes, altes Hausrezept gegen Husten.

Erfrischende Säfte, süß und pikant

Rhabarber-Saft, gedämpft

(Abb. S. 126/127)

5 kg Rhabarber putzen, waschen, gut abtropfen lassen (nicht abziehen), in kleine Stücke schneiden, schichtweise mit

etwa 2 kg Zucker in den Dampfentsafter geben, etwa 1 Stunde entsaften

15 Minuten vor Beendigung der Entsaftungszeit 1 Flasche Saft abfüllen und nochmals über das Obst gießen

1 Päckchen Einmach-Hilfe in den heißen Saft rühren, in die vorbereiteten Flaschen (S. 19 ab Punkt 12) füllen, verschließen.

Johannisbeer-Saft, gekocht

aus schwarzen Johannisbeeren

5 kg Johannisbeertrauben verlesen, waschen, gut abtropfen lassen (nicht entstielen), in einen Kochtopf geben, zerdrücken (am besten mit einem Stampfer), mit

3 l Wasser bis zum Kochen bringen

die Beeren auf ein gespanntes Safttuch geben, gut ablaufen lassen

den gewonnenen Saft messen, mit

etwa 3 kg Zucker verrühren (auf 1 Liter Saft 3/4–1 kg Zucker nehmen), einmal aufkochen lassen, abschäumen

1 Päckchen Einmach-Hilfe in den heißen Saft rühren, in die vorbereiteten Flaschen (S. 19 ab Punkt 12) füllen, verschließen.

Himbeer-Saft, gekocht

(Abb. S. 126/127)

4 kg Himbeeren verlesen, evtl. entstielen, in einen Kochtopf geben, zerdrücken (am besten mit einem Stampfer), mit

1 l Wasser bis zum Kochen bringen

den Fruchtbrei auf ein gespanntes Safttuch geben, gut ablaufen lassen

den gewonnenen Saft messen, mit

etwa 2 kg Zucker verrühren (auf 1 Liter Saft 3/4–1 kg Zucker nehmen), einmal aufkochen lassen, abschäumen

1 Päckchen Einmach-Hilfe in den heißen Saft rühren, in die vorbereiteten Flaschen (S. 19 ab Punkt 12) füllen, verschließen.

Erdbeer-Saft, gekocht

(Abb. nebenstehend und S. 126/127)

3 kg Erdbeeren waschen, gut abtropfen lassen, entstielen, in einen Kochtopf geben, zerdrücken (am besten mit einem Stampfer), mit

1 l Wasser bis zum Kochen bringen

den Fruchtbrei auf ein gespanntes Safttuch geben, gut ablaufen lassen

den gewonnenen Saft messen, mit

etwa 2 kg Zucker verrühren (auf 1 Liter Saft 3/4–1 kg Zucker nehmen), einmal aufkochen lassen, abschäumen

1 Päckchen Einmach-Hilfe in den heißen Saft rühren, in die vorbereiteten Flaschen (S. 19 ab Punkt 12) füllen, verschließen.

Brombeer-Saft, gekocht

3 kg Brombeeren verlesen, waschen, gut abtropfen lassen, evtl. entstielen, in einen Kochtopf geben, zerdrücken (am besten mit einem Stampfer), mit

1 1/2 l Wasser bis zum Kochen bringen

den Fruchtbrei auf ein gespanntes Safttuch geben, gut ablaufen lassen

den gewonnenen Saft messen, mit

1 1/2–2 kg Zucker verrühren (auf 1 Liter Saft 3/4–1 kg Zucker nehmen), einmal aufkochen lassen, abschäumen

1 Päckchen Einmach-Hilfe in den heißen Saft rühren, in die vorbereiteten Flaschen (S. 19 ab Punkt 12) füllen, verschließen.

Sanddorn-Saft, gekocht

Etwa 2 kg Sanddornbeeren verlesen, waschen, gut abtropfen lassen, in einen Kochtopf geben, mit

etwa 1 l Wasser zum Kochen bringen, einige Minuten kochen lassen

den Fruchtbrei auf ein gespanntes Safttuch geben, gut ablaufen lassen

den gewonnenen Saft messen, mit

etwa 750 g Zucker verrühren (auf 1 Liter Saft etwa 500 g Zucker nehmen), einmal aufkochen lassen, abschäumen

1 Päckchen Einmach-Hilfe in den heißen Saft rühren, in die vorbereiteten Flaschen (S. 19 ab Punkt 12) füllen, verschließen.

Möhren-Saft, gedämpft

(Abb. nebenstehend)

5 kg Möhren putzen, schrappen, waschen, in Stücke schneiden, schichtweise mit
250 g Zucker
1 Teel. Salz in den Dampfentsafter (Punkt 12) geben, etwa 1 Stunde entsaften
15 Minuten vor Beendigung der Entsaftungszeit 1 Flasche Saft abfüllen und nochmals über das Gemüse gießen
1 Päckchen Einmach-Hilfe in den heißen Saft rühren, in die vorbereiteten Flaschen (S. 19 ab Punkt 12) füllen, verschließen.

Sauerkraut-Saft, gekocht

(Abb. nebenstehend)

2 kg Sauerkraut in den Dampfentsafter geben, etwa 45 Minuten entsaften
15 Minuten vor Beendigung der Entsaftungszeit 1 Flasche Saft abfüllen und nochmals über das Sauerkraut gießen
1 Päckchen Einmach-Hilfe in den heißen Saft rühren, in die vorbereiteten Flaschen (S. 19 ab Punkt 12) füllen, verschließen.

Johannisbeer-Saft, gekocht

aus roten Johannisbeeren
(Abb. nebenstehend)

2 kg Johannisbeeren verlesen, waschen, gut abtropfen lassen (nicht entstielen), in einen Kochtopf geben, zerdrücken (am besten mit einem Stampfer), mit
1 l Wasser bis zum Kochen bringen
den Fruchtbrei auf ein gespanntes Safttuch geben, gut ablaufen lassen
den gewonnenen Saft messen, mit
etwa 750 g Zucker verrühren (auf 1 Liter Saft etwa 450 g Zucker nehmen), einmal aufkochen lassen, abschäumen
1 Päckchen Einmach-Hilfe in den heißen Saft rühren, in die vorbereiteten Flaschen (S. 19 ab Punkt 12) füllen, verschließen.

Gurken-Saft, gedämpft (Abb. oben)

1 kg Salatgurken gründlich waschen, abtropfen lassen, in dicke Scheiben schneiden
2 Bund Dill vorsichtig abspülen, zerkleinern
beide Zutaten schichtweise mit
1 Teel. Salz in den Dampfentsafter geben, etwa 1 Stunde entsaften
15 Minuten vor Beendigung der Entsaftungszeit 1 Flasche Saft abfüllen, nochmals über die Gurken gießen
1 Päckchen Einmach-Hilfe in den heißen Saft rühren, in die vorbereiteten Flaschen (S. 19 ab Punkt 12) füllen, verschließen.

Gemüse-Saft, gedämpft (Abb. oben)

2 kg Tomaten waschen, abtropfen lassen, die Stengelansätze herausschneiden, die Tomaten vierteln, von
1 kg Sellerie das Grün abschneiden, die großen Blätter entfernen, die jungen Blätter waschen, abtropfen lassen, in Stücke schneiden
die Sellerieknollen schälen, waschen, raspeln
500 g Zwiebeln abziehen, kleinschneiden
500 g Staudensellerie putzen
1 kg Möhren putzen, schrappen
2 Paprikaschoten halbieren, entstielen, entkernen, die weißen Scheidewände entfernen
Staudensellerie, Möhren, Paprikaschoten waschen, abtropfen lassen, kleinschneiden
2 Bund Petersilie
1 Bund Brunnenkresse beide Zutaten vorsichtig abspülen, trockentupfen, grob zerkleinern
Gemüse und Kräuter schichtweise mit dem
Saft von 2 Zitronen
1 Eßl. Salz
1 Eßl. Pfefferkörnern in den Dampfentsafter geben, etwa 1 Stunde entsaften
15 Minuten vor Beendigung der Entsaftungszeit 1 Flasche Saft abfüllen und nochmals über das Gemüse gießen
1 Päckchen Einmach-Hilfe in den heißen Saft rühren, in die vorbereiteten Flaschen (S. 19 ab Punkt 12) füllen, verschließen.
Anmerkung: Ergibt etwa $2^1/_4$ l Gemüsesaft.

Johannisbeer-Himbeer-Saft, roh

3 kg rote Johannisbeertrauben waschen, gut abtropfen lassen, sorgfältig verlesen, entstielen
2 kg Himbeeren verlesen, evtl. entstielen
das Obst in eine Schüssel geben, zerdrücken (am besten mit einem Stampfer)
15 g Zitronensäure in
1 l Wasser lösen, über das Obst gießen, 24 Stunden an einem kühlen Ort zugedeckt stehenlassen, ab und zu umrühren
den Fruchtbrei auf ein gespanntes Safttuch geben, gut ablaufen lassen
den gewonnenen Saft messen, mit
etwa $2^1/_2$ kg Zucker verrühren (auf 1 Liter Saft $^3/_4$–1 kg Zucker nehmen)
1 Päckchen Einmach-Hilfe mit
1 Teel. Zucker mischen, mit 1 Eßl. von dem Saft anrühren, zu dem übrigen Saft geben
wenn der Zucker vollständig gelöst ist, den Saft in die vorbereiteten Flaschen (S. 19 ab Punkt 12, links oben) füllen, verschließen.

Sauerkirsch-Saft, roh

Etwa 4 1/2 kg Sauerkirschen waschen, entstielen, entsteinen, evtl. durch den Fleischwolf drehen, um sie besser auszunutzen
die Kirschen in eine Schüssel geben, zerdrücken (am besten mit einem Stampfer)

15 g Zitronensäure in

125 ml (1/8 l) Wasser auflösen, über die Kirschen gießen, 24 Stunden an einem kühlen Ort zugedeckt stehenlassen, ab und zu umrühren
den Fruchtbrei auf ein gespanntes Safttuch geben, gut ablaufen lassen
den gewonnenen Saft messen, mit

etwa 2 1/2 kg Zucker verrühren (auf 1 Liter Saft 3/4–1 kg Zucker nehmen)

1 Päckchen Einmach-Hilfe mit

1 Teel. Zucker mischen, mit 1 Eßl. von dem Saft anrühren, zu dem übrigen Saft geben
wenn der Zucker vollständig gelöst ist, den Saft in die vorbereiteten Flaschen (S. 19 ab Punkt 12, links oben) füllen, verschließen.

Schlehen-Brombeer-Saft, gekocht

2 kg Schlehen entstielen, waschen, gut abtropfen lassen

1 kg Brombeeren verlesen, waschen, gut abtropfen lassen, evtl. entstielen, zerdrücken (am besten mit einem Stampfer)
die Schlehen in einen Kochtopf geben, mit

1 1/2 l Wasser zum Kochen bringen, weich kochen lassen, die zerdrückten Brombeeren mit dem Saft hinzufügen, bis zum Kochen bringen
den Fruchtbrei auf ein gespanntes Safttuch geben, gut ablaufen lassen
den gewonnenen Saft messen, mit

etwa 1 kg Zucker verrühren (auf 1 Liter Saft etwa 450 g Zucker nehmen), einmal aufkochen lassen, abschäumen

1 Päckchen Einmach-Hilfe in den heißen Saft rühren, in die vorbereiteten Flaschen (S. 19 ab Punkt 12) füllen, verschließen.

Himbeer-Saft, roh

2 1/2 kg Himbeeren verlesen, evtl. entstielen, in eine Schüssel geben, zerdrücken (am besten mit einem Stampfer)

50 g Zitronensäure in

1 1/2 l Wasser auflösen, über die Himbeeren gießen, 24 Stunden an einem kühlen Ort zugedeckt stehenlassen, ab und zu umrühren
den Fruchtbrei auf ein gespanntes Safttuch geben, gut ablaufen lassen
den gewonnenen Saft messen, mit

etwa 2 kg Zucker verrühren (auf 1 Liter Saft 3/4–1 kg Zucker nehmen)

1 Päckchen Einmach-Hilfe mit

1 Teel. Zucker mischen, mit 1 Eßl. von dem Saft anrühren, zu dem übrigen Saft geben
wenn der Zucker vollständig gelöst ist, den Saft in die vorbereiteten Flaschen (S. 19 ab Punkt 12, links oben) füllen, verschließen.

Holunderbeer-Saft, gekocht

4 kg Holunderbeerdolden verlesen, waschen, gut abtropfen lassen, in einen Kochtopf geben, zerdrücken (am besten mit einem Stampfer), mit

$2\frac{1}{2}$ l Wasser bis zum Kochen bringen

die Holunderbeerdolden auf ein gespanntes Safttuch geben, gut ablaufen lassen

den gewonnenen Saft messen, mit

etwa $3\frac{1}{2}$ kg Zucker verrühren (auf 1 Liter Saft $\frac{3}{4}$–1 kg Zucker nehmen), einmal aufkochen lassen, abschäumen

1 Päckchen Einmach-Hilfe in den heißen Saft rühren, in die vorbereiteten Flaschen (S. 19 ab Punkt 12) füllen, verschließen.

Sauerkirsch-Saft, gekocht

Etwa $5\frac{1}{2}$ kg Sauerkirschen waschen, gut abtropfen lassen, entsteinen, mit

1 kg Zucker mischen, an einem kühlen Ort 24 Stunden zugedeckt stehenlassen, ab und zu umrühren

die Kirschen auf ein gespanntes Safttuch geben, gut ablaufen lassen

den gewonnenen Saft messen, mit

etwa 1 kg Zucker verrühren (auf 1 Liter Saft 300–400 g Zucker nehmen), einmal aufkochen lassen, abschäumen

$\frac{1}{2}$ Päckchen Einmach-Hilfe in den heißen Saft rühren, in die vorbereiteten Flaschen (S. 19 Punkt ab Punkt 12) füllen, verschließen.

Aus den Rückständen Kompott zubereiten, das später gut für Obstkuchen verwendet werden kann.

Tip: Die Rückstände (etwa $2\frac{1}{2}$ kg) mit $\frac{3}{4}$–1 kg Zucker gut durchkochen lassen, von der Kochstelle nehmen, $\frac{1}{2}$ Päckchen Einmach-Hilfe unterrühren und die Fruchtmasse sofort in vorbereitete Gläser (S. 20 ab Punkt 4) füllen, verschließen.

Früchte in Alkohol und Liköre für Gourmets

Heidelbeer-Likör

200 g Heidelbeeren verlesen, waschen, gut abtropfen lassen, mit
150 g weißem Kandiszucker in ein vorbereitetes großes Glas (S. 19 Punkt 4/5) geben
125 ml (1/8 l) Weingeist (90%) mit
1 Flasche (0,7 l) Korn hinzugießen
das Glas verschließen
Heidelbeeren und Alkohol 6–8 Wochen durchziehen lassen
die Flüssigkeit durch Filterpapier gießen, in eine vorbereitete Flasche füllen, verschließen
den Heidelbeer-Likör noch einige Wochen stehenlassen.

Erdbeer-Likör

250 g kleine, sehr reife Erdbeeren waschen, abtropfen lassen, entstielen, mit
250 g weißem Kandiszucker in ein vorbereitetes großes Glas (S. 19 Punkt 4/5) geben
1 Flasche (0,7 l) Rum oder Weinbrand hinzugießen
das Glas verschließen
Erdbeeren und Alkohol einige Wochen durchziehen lassen
die Flüssigkeit durch Filterpapier gießen, in eine vorbereitete Flasche füllen, verschließen
den Erdbeer-Likör noch einige Wochen stehenlassen.

Tip: Die Erdbeeren zu Eis oder Cremespeisen reichen.

Eingelegte Kumquats

(Abb. S. 134/135)

10–12 Kumquats waschen, abtrocknen, in ein vorbereitetes großes Glas (S. 19 Punkt 4/5) geben
4 Ingwerpflaumen (in Sirup eingelegt) vierteln, mit
6–8 Gewürznelken
1 Stange Zimt
50 g Pinienkerne
1 Eßl. Minzeblättchen zu den Kumquats geben
250 ml (1/4 l) Wasser mit
150 g Zucker zum Kochen bringen, etwa 10 Minuten kochen lassen, durch ein Sieb über die Kumquats gießen, erkalten lassen
6 cl (etwa 6 Eßl.) Orangen-Likör hinzufügen
das Glas gut verschließen, im Kühlschrank aufbewahren.

Orangen-Likör

(Abb. nebenstehend)

250 ml (1/4 l) Wasser mit
250 ml (1/4 l) Weißwein
450 g Zucker zum Kochen bringen, sirupartig einkochen lassen
1 kg Orangen (unbehandelt) heiß waschen, abtrocknen, die Schale abreiben, die Orangen auspressen, mit der Sirup-Flüssigkeit verrühren, kalt stellen
1 Flasche (0,7 l) Wodka unterrühren, mit
gemahlenem Koriander oder gemahlenem Kardamom würzen
den Orangenlikör etwas durchziehen lassen, durch Filterpapier gießen, in vorbereitete Flaschen (S. 19 Punkt 4/5) füllen, verschließen, kühl aufbewahren.

Brombeer-Likör

200 g reife Brombeeren verlesen, entstielen, vorsichtig waschen, gut abtropfen lassen, mit
150 g weißem Kandiszucker
1 Stück Stangenzimt in ein vorbereitetes großes Glas (S. 19 Punkt 4/5) schichten
1 Flasche (0,7 l) Korn darüber gießen (Brombeeren müssen bedeckt sein)
das Glas gut verschließen, 6–8 Wochen an einem kühlen Ort aufbewahren, ab und zu umrühren
die Flüssigkeit durch Filterpapier gießen, in vorbereitete Flaschen füllen, verschließen, einige Wochen durchziehen lassen.

Kümmel-Likör

375 g Zucker	mit
250 ml (1/4 l) Wasser 100 g Kümmel 1 Päckchen (3 g) Sternanis 1 Stück Stangenzimt	zum Kochen bringen, etwa 15 Minuten kochen, abkühlen lassen, durch ein Mulltuch gießen, mit
1 Flasche (0,7 l) Weizenkorn	verrühren, in vorbereitete Flaschen (S. 19 Punkt 4/5) füllen, verschließen, einige Tage durchziehen lassen.

Pfefferminz-Likör

250 ml (1/4 l) Wasser	mit
375 g Zucker	zum Kochen bringen, sirupartig einkochen lassen, mit
10 Tropfen englischem Pfefferminzöl (aus der Apotheke) 1 Tropfen grüner Lebensmittelfarbe	verrühren
1 l Weingeist (90%)	mit
250 ml (1/4 l) abgekochtem, erkaltetem Wasser	hinzugießen den Pfefferminz-Likör in vorbereitete Flaschen (S. 19 Punkt 4/5) füllen, verschließen, einige Tage durchziehen lassen, kühl aufbewahren.

Ingwer-Likör

1 Flasche (0,7 l) hellen Traubensaft	mit
250 g Zucker 1 Päckchen getrocknetem Ingwer (in Stücken = 10 g)	zum Kochen bringen, etwa 10 Minuten kochen, abkühlen lassen, durch ein Sieb gießen, mit
500 ml (1/2 l) Weingeist (70%)	verrühren, in vorbereitete Flaschen (S. 19 Punkt 4/5) füllen, verschließen, einige Tage durchziehen lassen.

Pfälzer Cognac-Quitten

2 kg Quitten	schälen, halbieren, entkernen, in Scheiben schneiden *für die Zucker-Lösung*
500 g Honig	mit
500 g Zucker etwa 4 Eßl. Weinessig 700 ml Wasser	zum Kochen bringen, kurz aufkochen lassen (Zucker muß sich vollständig lösen), die Quittenscheiben hineingeben, zum Kochen bringen, bei schwacher Hitze 20–30 Minuten

darin ziehen lassen, mit einem Schaumlöffel herausnehmen, in vorbereitete Gläser (S. 19 Punkt 4/5) geben
die Flüssigkeit dicklich einkochen, abkühlen lassen, mit

125 ml (1/8 l) Cognac verrühren, über die Quitten geben
die Gläser verschließen, (S. 20 ab Punkt 11)
kühl und dunkel aufbewahren.

Kaffee-Likör

250 ml (1/4 l) Wasser mit
375 g Zucker zum Kochen bringen, sirupartig einkochen lassen, mit
375 ml (3/8 l) sehr starkem Bohnenkaffee
1 Päckchen Vanillin-Zucker verrühren, erkalten lassen
250 ml (1/4 l) Weingeist (90%) hinzugießen
den Kaffee-Likör in eine vorbereitete Flasche (S. 19 Punkt 4/5) füllen, verschließen, kühl aufbewahren.

Trauben und Ananas in braunem Rum

200 g grüne und 200 g blaue Weintrauben waschen, trockentupfen, entstielen, evtl. halbieren, entkernen
etwa 350 g Ananasfleisch (von 1 großen Ananas) in Stücke schneiden
beide Zutaten mit
275 g braunem Kandiszucker in vorbereitete Gläser (S. 19 Punkt 4/5) geben
1 Vanillestange einritzen, hinzufügen
500 ml (1/2 l) Rum (54%) darüber gießen
die Gläser gut verschließen (S. 20 Punkt 11), einige Wochen durchziehen lassen.
Tip: Trauben und Ananas zu Vanillepudding oder Cremespeisen reichen.

Pfirsiche und Kiwis in weißem Rum

Etwa 500 g Pfirsiche waschen, halbieren, entsteinen, kurze Zeit in kochendes Wasser legen (nicht kochen lassen), enthäuten, vierteln
2–3 Kiwis (etwa 200 g) schälen, in Scheiben schneiden
beide Zutaten abwechselnd mit
200–250 g weißem Kandiszucker in ein vorbereitetes großes Glas (S. 19 Punkt 4/5) geben
375 ml (3/8 l) weißen Rum hinzugießen
das Glas gut verschließen (S. 20 ab Punkt 11), einige Wochen durchziehen lassen, kühl aufbewahren.

Erdbeeren in Madeira

1 kg kleine Erdbeeren waschen, gut abtropfen lassen, entstielen, abwechselnd mit
500 g Zucker in vorbereitete Gläser (S. 19 Punkt 4/5) geben, etwa 1 Stunde zugedeckt durchziehen lassen
375 ml (3/8 l) Weinbrand
100 ml (1/10 l) Madeira hinzugießen
die Gläser gut verschließen (S. 20 ab Punkt 11), einige Wochen durchziehen lassen.

Exotische Früchte in Weinbrand

Etwa 200 g Litschis (aus der Dose) abtropfen lassen, den Saft auffangen
4–5 mittelgroße Kiwis schälen, in Scheiben schneiden
2 Mangofrüchte halbieren, entsteinen, schälen
1 Apfelsine schälen, filieren
1 kleine Ananas schälen
1 Papaya schälen, halbieren, entkernen
die vier Zutaten in größere Stücke schneiden, in vorbereitete Gläser (S. 19 Punkt 4/5) füllen
knapp 250 ml (1/4 l) Litschisaft mit
250 g Zucker
2 Teel. Ingwerpulver zum Kochen bringen, kurz aufkochen lassen
1 Flasche (0,7 l) Weinbrand mit
50 ml Weingeist (96%) hinzugießen, über die Früchte verteilen, die Gläser gut verschließen, (S. 20 ab Punkt 11), einige Wochen durchziehen lassen.

Himbeeren in Himbeergeist

750 g Himbeeren verlesen, abwechselnd mit
250 g gesiebtem Puderzucker in vorbereitete Gläser oder einen Steintopf (S. 19 Punkt 4/5) geben, etwa 1 Stunde zugedeckt durchziehen lassen
20 g abgezogene Pistazienkerne
350 ml Himbeergeist hinzufügen
die Gläser (Steintopf) gut verschließen (S. 20 ab Punkt 11), einige Wochen durchziehen lassen.

Sauerkirschen in Rum

(Abb. nebenstehend)

1 kg Sauerkirschen waschen, gut abtropfen lassen, entstielen, evtl. entsteinen, mit
500 g Zucker in ein vorbereitetes großes Glas (S. 19 Punkt 4/5) geben, etwa 1 Stunde zugedeckt durchziehen lassen
1 Vanillestange einritzen, hinzufügen
1/2 Flasche (0,35 l) Rum (54%) darüber gießen (Kirschen müssen bedeckt sein)
das Glas gut verschließen, (S. 20 ab Punkt 11), einige Wochen durchziehen lassen.

Kirschen in Kirschwasser

500 g Schattenmorellen waschen, gut abtropfen lassen, entstielen, entsteinen
250 ml (1/4 l) Wasser mit
500 g Zucker
4–5 Gewürznelken zum Kochen bringen, abschäumen, die Nelken entfernen
die Schattenmorellen in die Zucker-Lösung geben, abkühlen lassen
750 ml (3/4 l) Kirschwasser unterrühren
die Kirschen mit der Flüssigkeit in ein vorbereitetes großes Glas (S. 19 Punkt 4/5) geben, das Glas gut verschließen (S. 20 ab Punkt 11) einige Wochen durchziehen lassen.

Stachelbeeren in Gin

500 g reife Stachelbeeren von Stiel und Blüte befreien, waschen, gut abtropfen lassen
1 Vanilleschote einritzen, mit
250 ml (1/4 l) Wasser
500 g Zucker zum Kochen bringen, abschäumen, die Vanilleschote entfernen
die Stachelbeeren in die Zucker-Lösung geben, abkühlen lassen
750 ml (3/4 l) Gin unterrühren
die Stachelbeeren mit der Flüssigkeit in ein vorbereitetes großes Glas (S. 19 Punkt 4/5) geben, das Glas verschließen (S. 20 ab Punkt 11) einige Wochen durchziehen lassen.

Brombeeren in Weinbrand

1 kg Brombeeren verlesen, waschen, gut abtropfen lassen, in eine Schüssel geben

250 ml (1/4 l) Wasser mit

375 g Zucker zum Kochen bringen, abschäumen, über die Brombeeren gießen, zugedeckt etwa 24 Stunden durchziehen lassen

die Früchte auf ein Sieb geben, den Saft auffangen, in einen breiten Kochtopf geben, zum Kochen bringen, so lange kochen lassen, bis die Flüssigkeit um etwa 1/4 eingekocht ist, abkühlen lassen

die Brombeeren wieder in die Schüssel geben, mit der Flüssigkeit übergießen, nochmals etwa 24 Stunden durchziehen lassen

die Brombeeren wieder auf ein Sieb geben, den Saft auffangen, abmessen (etwa 250 ml = 1/4 l), mit

etwa 250 ml (1/4 l) Weinbrand verrühren

die Brombeeren in vorbereitete Gläser (S. 19 Punkt 4/5) geben, die Weinbrand-Flüssigkeit darüber gießen

die Gläser gut verschließen, einige Wochen durchziehen lassen.

Zwetschen in Rum

500 g Zwetschen	waschen, in
kochendes Wasser	geben, zum Kochen bringen, etwa 5 Minuten kochen, abtropfen lassen, mit
250 g braunem Kandiszucker	
1 Stück Stangenzimt	in ein vorbereitetes Glas (S. 19 Punkt 4/5) füllen
1 Flasche (0,7 l) Rum (54%)	hinzugießen das Glas gut verschließen (S. 20 ab Punkt 11), einige Wochen durchziehen lassen, kühl aufbewahren.

Backobst in Rum

250 g gemischtes Backobst	waschen, gut abtropfen lassen, in ein vorbereitetes großes Glas (S. 19 Punkt 4/5) geben
1 Päckchen Vanillin-Zucker	
1/2 Stange Zimt	
1 Flasche (0,7 l) Rum (54%)	hinzufügen das Glas gut verschließen (S. 20 ab Punkt 11), einige Wochen kühl aufbewahren (nach 8–10 Tagen ist das Backobst durchgezogen).

Roter Weintopf

1 kg rote Weintrauben	waschen, entstielen, halbieren, entkernen
125 ml (1/8 l) Weinessig	mit
125 ml (1/8 l) Rotwein	
200 g Zucker	zum Kochen bringen, die Weintrauben hineingeben, zum Kochen bringen, etwa 1 Minute kochen lassen, in vorbereitete Gläser (S. 19 Punkt 4/5) geben
125 ml (1/8 l) Weinbrand	hinzufügen die Gläser verschließen (S. 20 ab Punkt 11), einige Wochen durchziehen lassen.
Tip:	Roten Weintopf zu Wild oder Rinderbraten reichen.

Feigen in weißem Rum

250 g getrocknete Feigen	einzeln waschen, trockentupfen, in ein vorbereitetes großes Glas (S. 19 Punkt 4/5) geben
1 Flasche (0,7 l) weißen Rum	mit
50 g Zucker	
1 Päckchen Vanillin-Zucker	gut verrühren, über die Feigen gießen
1 Vanillestange	hinzufügen das Glas gut verschließen, (S. 20 ab Punkt 11), einige Wochen durchziehen lassen, kühl aufbewahren.

Fruchtmix in Weinbrand

1 Zuckermelone	halbieren, entkernen, schälen, das Fruchtfleisch in Spalten oder Würfel schneiden
500 g blaue Weintrauben	waschen, trockentupfen, entstielen, halbieren, entkernen
etwa 200 g Mandarinen (aus der Dose)	abtropfen lassen die drei Zutaten abwechselnd mit
500 g Zucker	in vorbereitete Gläser (S. 19 Punkt 4/5) geben, etwa 1 Stunde zugedeckt durchziehen lassen
1 Flasche (0,7 l) Weinbrand	hinzugießen die Gläser gut verschließen (S. 20 ab Punkt 11), einige Wochen durchziehen lassen, kühl aufbewahren.

Weinbrand-Pfirsiche

1 kg reife Pfirsiche	kurze Zeit in kochendes Wasser legen (nicht kochen lassen), in kaltem Wasser abschrecken, enthäuten, vierteln, entsteinen, mit
etwa 500 g Zucker	in ein vorbereitetes großes Glas (S. 19 Punkt 4/5) geben, etwa 1 Stunde zugedeckt durchziehen lassen
1 Flasche (0,7 l) Weinbrand	darüber gießen (Pfirsiche müssen bedeckt sein) das Glas gut verschließen (S. 20 ab Punkt 11), einige Wochen durchziehen lassen.

Pfälzer Feigen

750 g frische Feigen vorsichtig abspülen, trockentupfen, mit einem Hölzchen einige Male einstechen, in vorbereitete Gläser (S. 19 Punkt 4/5) füllen

für die Essig-Zucker-Lösung

1 Stück (etwa 50 g) Ingwerwurzel schälen, in Stücke schneiden, mit

375 ml (3/8 l) trockenem Weißwein
125 ml (1/8 l) Rotwein
300 ml Essig
500 g Zucker
2 Gewürznelken
abgeriebener Schale von 1 Zitrone (unbehandelt) zum Kochen bringen, kurz aufkochen lassen, von der Kochstelle nehmen

1 Päckchen Einmach-Hilfe unterrühren, über die Feigen gießen die Gläser nach dem Erkalten verschließen (S. 20 ab Punkt 11) **oder** bei Schraubverschlußgläsern (Twist-off-Deckel) die Gläser **sofort** verschließen.

Schattenmorellen in Rum

1 kg Schattenmorellen waschen, gut abtropfen lassen, entstielen, entsteinen, in ein vorbereitetes großes Glas (S. 19 Punkt 4/5) geben

250 g braunen Kandiszucker mit

1 Flasche (0,7 l) Rum (54%) hinzufügen, das Glas gut verschließen, einige Wochen durchziehen lassen.

Himbeeren in Weinbrand

500 g Himbeeren verlesen, in ein vorbereitetes großes Glas (S. 19 Punkt 4/5) geben

250 ml (1/4 l) Wasser mit

500 g Zucker zum Kochen bringen, abschäumen, etwas abkühlen lassen, über die Himbeeren gießen

750 ml (3/4 l) Weinbrand hinzugießen, die Flüssigkeit erkalten lassen, das Glas gut verschließen, einige Wochen durchziehen lassen.

Rum-Topf

	Nur frische, tadellose Früchte für einen Rumtopf verwenden
600 g Erdbeeren	waschen, entstielen, große Früchte halbieren oder vierteln
600 g Süßkirschen	waschen, entstielen, entsteinen
600 g Aprikosen	
600 g Pfirsiche	beide Zutaten waschen, halbieren, entsteinen, kurze Zeit in kochendes Wasser legen (nicht kochen lassen), enthäuten, in Stücke schneiden, erkalten lassen
600 g Sauerkirschen	waschen, entstielen, entsteinen
600 g Mirabellen	waschen, kleine Früchte ganz lassen, große halbieren, entsteinen
600 g Pflaumen	waschen, entstielen, entsteinen, enthäuten
600 g Birnen	schälen, achteln, entkernen die Birnenstücke in
wenig Zuckerlösung	weich dünsten, abtropfen und erkalten lassen
600 g grüne und blaue Weintrauben	waschen, entstielen, halbieren, entkernen
600 g Ananas	schälen, zunächst in Scheiben, dann in Stücke schneiden der Jahreszeit entsprechend die Früchte in ein vorbereitetes 7-l-Zubindegefäß (S. 19 Punkt 4/5) geben von
etwa 1½ l Rum (54%)	jeweils etwa 350 ml mit 250 g von
1 kg Zucker	verrühren, über die Früchte gießen der Flüssigkeitsspiegel muß immer 1 cm hoch über den Früchten stehen (sie am besten mit einem Glasteller beschweren) den Rumtopf gut verschließen (S. 20 ab Punkt 11), kühl und dunkel aufbewahren, bei jeder Fruchtzugabe vorsichtig durchrühren.

Ananas in Wodka

Etwa 350 g Ananasfleisch (von 1 großen Ananas)	in kleine Stücke schneiden, in ein vorbereitetes großes Glas (S. 19 Punkt 4/5) geben
125 ml (1/8 l) Wasser	mit
150 g Zucker	zum Kochen bringen, abschäumen, sofort über die Ananasstücke gießen, etwas abkühlen lassen
250 ml (1/4 l) Wodka	hinzufügen, die Flüssigkeit erkalten lassen
1 Stange Zimt	hinzufügen das Glas gut verschließen (S. 20 ab Punkt 11), einige Wochen durchziehen lassen.

Birnen und Pflaumen in Rotwein

500 g Birnen	schälen, vierteln, entkernen
500 g Pflaumen	waschen, abtrocknen, entstielen, entsteinen
375 ml (3/8 l) Rotwein	mit
6 Eßl. Essig	
300 g Kandiszucker	
1 Stange Zimt	
6 Nelken	zum Kochen bringen, Birnenviertel und Pflaumen hinzufügen, zum Kochen bringen, abtropfen lassen, in vorbereitete Gläser (S. 19 Punkt 4/5) geben die Flüssigkeit wieder zum Kochen bringen, über die Birnen und Pflaumen gießen die Gläser gut verschließen (S. 20 ab Punkt 11).

Wodka-Topf

10 Kiwis schälen, in Scheiben schneiden, mit
500 g abgezogenen Mandeln in ein vorbereitetes großes Glas (S. 19 Punkt 4/5) geben
4 Granatäpfel halbieren, die Fruchtkörner vorsichtig mit einem Teelöffel herausnehmen, über die Kiwis verteilen
100 g weißen Kandiszucker mit
1 Flasche (0,7 l) Wodka hinzufügen
das Glas gut verschließen (S. 20 ab Punkt 11), einige Wochen durchziehen lassen.

Melone in Gin

2 mittelgroße Netzmelonen in Spalten schneiden, entkernen, schälen, in Stücke schneiden, das Fruchtfleisch in eine Schüssel geben, mit
250 g Zucker
2 Eßl. Zitronensaft
1 gestrichenen Teel. Ingwerpulver vermengen, zugedeckt über Nacht durchziehen lassen
die Melonenstücke abtropfen lassen, in ein vorbereitetes großes Glas (S. 19 Punkt 4/5) geben
die Flüssigkeit mit
1 Flasche (0,7 l) Gin verrühren, über die Melonen gießen, das Glas gut verschließen (S. 20 ab Punkt 11), einige Wochen durchziehen lassen.

Äpfel und Ananas in Calvados

250 g Äpfel schälen, achteln, entkernen, in
125 ml (1/8 l) kochendes Wasser geben, zum Kochen bringen, etwa 3 Minuten dünsten, abtropfen lassen
etwa 250 g Ananasfleisch (von 1 mittelgroßen Ananas) in kleine Stücke schneiden
beide Zutaten abwechselnd mit
200 g braunem Kandiszucker
1–2 Teel. getrocknetem grünem Pfeffer in ein vorbereitetes großes Glas (S. 19 Punkt 4/5) geben
375 ml (3/8 l) Calvados hinzugießen
das Glas gut verschließen, einige Wochen durchziehen lassen.

Weißer Rum-Topf

2 Pfirsiche kurze Zeit in kochendes Wasser legen (nicht kochen lassen), enthäuten, halbieren, entsteinen
3 Nektarinen waschen, halbieren, entsteinen
3 Kiwis schälen, in Scheiben schneiden
die Früchte in eine Schüssel geben, mit
300 g Zucker bestreuen, mit
6–8 Eßl. Zitronensaft vermengen, kurze Zeit durchziehen lassen
100 g Süßkirschen waschen, abtropfen lassen, entsteinen
150 g Erdbeeren waschen, abtropfen lassen, entstielen, die beiden Zutaten mit
75 g verlesenen Himbeeren in ein vorbereitetes Glas (S. 19, Punkt 4/5) geben
etwa 300 ml Weißen Rum darüber gießen (Früchte müssen bedeckt sein), das Glas gut verschließen, durchziehen lassen.

Herzhaft Eingelegtes und Eingesalzenes

Kräuter-Gurken

(Abb. S. 146/147)

$1^{1}/_{2}$ kg nicht zu große, gerade gewachsene Gurken waschen, mit
Salzwasser (auf 1 l Wasser 75 g Salz) bedecken, 12–24 Stunden an einem kühlen Ort stehenlassen, danach sorgfältig bürsten, abspülen, die Gurken einzeln mit einem Tuch abreiben

2 Zweige Dill
2 Zweige glatte Petersilie
1 Zweig Rosmarin
2 Salbeiblättchen
die Kräuter vorsichtig abspülen, trockentupfen
Gurken und Kräuter in vorbereitete Gläser (S. 20 Punkt 4/5) füllen
für die Essig-Zucker-Lösung

250 g kleine Zwiebeln abziehen, mit
125 ml ($^{1}/_{8}$ l) Essig
125 ml ($^{1}/_{8}$ l) Weißwein
500 ml ($^{1}/_{2}$ l) Wasser
100 g Zucker
3 Teel. Salz
2 Lorbeerblättern
$^{1}/_{2}$ Teel. Pfefferkörnern
1 Stück geschälter Ingwerwurzel zum Kochen bringen
von der Kochstelle nehmen

1 Päckchen Einmach-Hilfe unterrühren, über die Gurken gießen
die Gläser nach dem Erkalten verschließen (S. 20 Punkt 11).

Grüne Tomaten in Essig

2 kg grüne Tomaten waschen, abtrocknen, jede Tomate 15–20 mal mit einem Hölzchen einstechen, mit
Salzwasser (1 l Wasser und 75 g Salz) bedecken, 12–24 Stunden zugedeckt an einem kühlen Ort stehenlassen
die Tomaten abtropfen lassen, abtrocknen

$^{1}/_{2}$ Fenchelknolle putzen, waschen, in Stücke schneiden

5 Zweige Dill
5 Zweige Estragon
einige Wein- oder Sauerkirschblätter
die drei Zutaten vorsichtig abspülen, trockentupfen
Tomaten, Fenchelstücke, Kräuter, Wein- oder Sauerkirschblätter in einen vorbereiteten Steintopf oder in Gläser (S. 20 Punkt 4/5) schichten
für die Essig-Zucker-Lösung

1 l Wein-Essig mit
$1^{1}/_{4}$ l Wasser
400 g Zucker
1 Eßl. weißen Pfefferkörnern
1 Eßl. Senfkörnern zum Kochen bringen, von der Kochstelle nehmen

1 Päckchen Einmach-Hilfe unterrühren, über die Tomaten gießen
den Steintopf (Gläser) nach dem Erkalten verschließen (S. 20 ab Punkt 11).

Rotkohl, süß-sauer

Von
1 großen Kopf Rotkohl (etwa $1^{1}/_{4}$ kg) die äußeren Blätter entfernen, den Rotkohl vierteln, den Strunk herausschneiden, den Rotkohl waschen, fein schneiden oder hobeln

2 große Zwiebeln abziehen, in dünne Scheiben schneiden, in Ringe teilen, beide Zutaten miteinander vermengen

2 Teel. Salz darüber streuen, zugedeckt 12–24 Stunden stehenlassen
in vorbereitete Schraubverschlußgläser (Twist-off-Deckel) füllen
für die Essig-Zucker-Lösung

750 ml ($^{3}/_{4}$ l) Essig mit
750 ml ($^{3}/_{4}$ l) Wasser
200 g Zucker
1 Eßl. schwarzen Pfefferkörnern
3 Lorbeerblättern zum Kochen bringen, unter Rühren kochen, bis der Zucker gelöst ist, kochendheiß über den Rotkohl gießen, abkühlen lassen, verschließen
nach 12–24 Stunden die Essig-Zucker-Lösung abgießen, zum Kochen bringen, wieder über den Rotkohl gießen
die Gläser nach dem Erkalten verschließen (S. 20 ab Punkt 11).

Würzig eingelegte Rote Bete

1 kg Rote Bete (Rote Rüben) putzen, unter fließendem kaltem Wasser sorgfältig bürsten, in
Salzwasser zum Kochen bringen, etwa 1 Stunde kochen lassen, aus dem Kochwasser nehmen, mit kaltem Wasser übergießen, schälen, in Scheiben schneiden, evtl. vorher halbieren
5 mittelgroße Zwiebeln abziehen, in Scheiben schneiden
die Rote Bete mit den Zwiebelscheiben,
2 in kleine Stücke gebrochenen Lorbeerblättern
12–15 Gewürznelken
12–15 Pimentkörnern (Nelkenpfeffer) in ein vorbereitetes großes Glas (S. 20 Punkt 4/5) schichten
für die Essig-Zucker-Lösung
75 g Zucker mit
500 ml (1/2 l) Wasser
1 Teel. Salz zum Kochen bringen, von der Kochstelle nehmen
250 ml (1/4 l) Wein-Essig (5%) hinzugießen
1 Päckchen Einmach-Hilfe unterrühren
die Flüssigkeit über die Rote Bete gießen, nach dem Erkalten verschließen (S. 20 ab Punkt 11), einige Tage durchziehen lassen.

Hausgemachter süßer Senf

Etwa 45 g gelbes Senfmehl (aus dem Glas) mit
80 g grünem Senfmehl mischen
für die Essig-Zucker-Lösung
125 ml (1/8 l) Essig mit
125 ml (1/8 l) Wasser
100 g Farinzucker
Salz zum Kochen bringen, mit dem Senfmehl gut verrühren, erkalten lassen, in vorbereitete kleine Gläser (S. 20 Punkt 4/5) füllen.
Tip: Geriebenen Meerrettich, feingeschnittenen Schnittlauch, gehackte Petersilie oder gehackten Dill unterrühren.

Ingwer-Kürbis

3 kg Kürbis	schälen, waschen, das Mark mit einem Löffel auskratzen den Kürbis in kleine Würfel schneiden *für die Essig-Zucker-Lösung*
1 kleine Ingwerknolle	schälen, in dünne Scheiben schneiden
100 g Zitronat (im Stück)	in feine Streifen schneiden beide Zutaten mit
750 ml (3/4 l) Wein-Essig **375 ml (3/8 l) Weißwein** **800 g Zucker** **2 Stangen Zimt** **1 Eßl. Gewürznelken**	zum Kochen bringen, die Kürbiswürfel hineingeben, zum Kochen bringen, glasig kochen, in der Flüssigkeit erkalten lassen, etwa 24 Stunden stehenlassen die Kürbiswürfel herausnehmen, in vorbereitete Schraubverschlußgläser (Twist-off-Deckel) füllen die Essig-Zucker-Lösung erhitzen, heiß über den Kürbis gießen die Gläser **sofort** verschließen.

Rote Bete mit Kümmel und Meerrettich

	Von
8 großen Knollen Rote Bete (etwa 2 kg)	Wurzeln und Blätter etwa 3 cm hoch über den Knollen abschneiden die Knollen mit der Bürste unter fließendem kaltem Wasser reinigen, in
kochendes Salzwasser (auf 1 l Wasser 1 Teel. Salz)	geben, zum Kochen bringen, weich kochen lassen die Rote Bete aus dem Kochwasser nehmen, mit kaltem Wasser übergießen, schälen, vierteln, in Scheiben schneiden
1 kleine Meerrettichwurzel	schälen, in lange, dünne Streifen schneiden Rote Bete-Scheiben, Meerrettich-Streifen mit
2–4 Lorbeerblättern **2 Teel. schwarzen Pfefferkörnern**	in vorbereitete Gläser (S. 20 Punkt 4/5) schichten *für die Essig-Zucker-Lösung*
750 ml (3/4 l) Wein-Essig	mit
375 ml (3/8 l) Wasser **4 Eßl. Zucker** **1 Eßl. Kümmel** **1 Teel. Salz**	zum Kochen bringen, kurz aufkochen lassen, von der Kochstelle nehmen
1 Päckchen Einmach-Hilfe	unterrühren, über die Rote Bete-Scheiben gießen die Gläser nach dem Erkalten verschließen (S. 20 ab Punkt 11) **oder** bei Schraubverschlußgläsern (Twist-off-Deckel), die Gläser **sofort** verschließen.

Senf-Früchte

500 g Birnen	schälen, vierteln, von Blüte, Stiel und Kerngehäuse befreien, die Birnenviertel quer halbieren
500 g grüne Weintrauben	waschen, entstielen, gut abtropfen lassen, halbieren, entkernen

500 g Aprikosen
500 g Pflaumen
beide Zutaten waschen, halbieren, entsteinen
für die Essig-Zucker-Lösung
200 ml Wein-Essig mit
200 ml Wasser
750 g Zucker zum Kochen bringen, das Obst nacheinander hineingeben, zum Kochen bringen, bei schwacher Hitze glasig kochen lassen
das Obst mit einer Schaumkelle herausnehmen, vorsichtig miteinander vermengen, in vorbereitete Gläser (S. 20 Punkt 4/5) füllen
die Flüssigkeit mit
1 Dose (56 g) Senftmehl verrühren, in etwa 10 Minuten etwas einkochen lassen, heiß über das Obst geben
die Gläser nach dem Erkalten verschließen (S. 20 ab Punkt 11) **oder** bei Schraubverschlußgläsern (Twist-off-Deckel) die Gläser **sofort** verschließen.

Anmerkung Senf-Früchte sind im Kühlschrank 6–8 Wochen haltbar. Angebrochene Gläser schnell verbrauchen.

Essig-Pflaumen

3 kg Pflaumen	waschen, abtropfen lassen, einzeln mit einem Tuch abreiben, mit einem Hölzchen einige Male einstechen *für die Essig-Zucker-Lösung*
500 ml (1/2 l) **Wein-Essig (5%)**	mit
250 ml (1/4 l) **Wasser** **1 1/2 kg Zucker** **1 Stück Stangenzimt** **4–5 Gewürznelken** **Schale von 1/2 Zitrone (unbehandelt)**	zum Kochen bringen, die Pflaumen nach und nach darin gar kochen lassen, mit einem Schaumlöffel herausnehmen, gut abtropfen lassen, in vorbereitete Gläser oder Töpfe (S. 20 Punkt 4/5) füllen den Saft dick einkochen, von der Kochstelle nehmen
1 Päckchen **Einmach-Hilfe**	unterrühren, über die Pflaumen gießen, erkalten lassen, die Gefäße verschließen (S. 20 ab Punkt 11).

Süß-saure Gurken

3 mittelgroße Salatgurken (etwa 1 kg)	schälen, in etwa 1 cm dicke Scheiben schneiden *für die Essig-Zucker-Lösung*
250 ml (1/4 l) **Essig**	mit
250 ml (1/4 l) **Wasser** **200 g Zucker** **4 schwach gehäuften Teel. Salz**	zum Kochen bringen, die Gurkenscheiben hineingeben, zum Kochen bringen, in etwa 8 Minuten glasig dünsten lassen, herausnehmen
200 g Silberzwiebeln (aus dem Glas)	abtropfen lassen
1 Bund Dill	vorsichtig abspülen, trockentupfen
3 Eßl. Senfkörner	
	die drei Zutaten mit den Gurken abwechselnd in vorbereitete Gläser (S. 20 Punkt 4/5) schichten die Essig-Zucker-Lösung zum Kochen bringen, etwas einkochen lassen, kochendheiß über die Gurken gießen, nach dem Erkalten die Gläser verschließen (S. 20 ab Punkt 11).

Marinierter Schafskäse

1 kg Schafskäse	in Stücke schneiden, die Schnittflächen mit
Salz	einreiben
2 Thymianzweige **2 Rosmarinzweige** **2 Lavendelzweige** **2–3 Salbeiblättchen**	
	die vier Kräuter vorsichtig abspülen, trockentupfen
4 Knoblauchzehen	abziehen, halbieren die Käsestücke mit den Kräutern, den Knoblauchhälften,
2 Lorbeerblättern **schwarzen Pfefferkörnern** **50 g Walnußkernen**	in ein großes vorbereitetes Glas (S. 20 Punkt 4/5) geben
1 1/2 l Olivenöl	darüber gießen (der Käse muß bedeckt sein) das Glas verschließen (S. 20 ab Punkt 11), kühl und dunkel (aber nicht in den Kühlschrank) stellen, etwa 2 Wochen durchziehen lassen den Käse innerhalb von 2–3 Wochen verzehren.

Senf-Gemüse

1 kleinen Kopf Blumenkohl (etwa 500 g)	putzen, in Röschen teilen, waschen (evtl. in Salzwasser legen, um Raupen und Insekten zu entfernen), abtropfen lassen
1 große Salatgurke (etwa 1 kg)	schälen, halbieren, entkernen, quer in etwa 2 cm breite Streifen schneiden
500 g grüne Tomaten	waschen, die Stengelansätze herausschneiden, die Tomaten vierteln
500 g Zwiebeln	abziehen, vierteln
2 grüne Paprikaschoten	halbieren, entstielen, entkernen, die weißen Scheidewände entfernen, die Schoten waschen, in Streifen schneiden die fünf Zutaten miteinander vermengen, mit
Salzwasser (auf 1 l Wasser 25 g Salz)	bedecken, etwa 24 Stunden an einem kühlen Ort stehenlassen, danach in dem Salzwasser zum Kochen bringen, etwa 15 Minuten schwach kochen, abtropfen lassen *für die Essig-Zucker-Lösung*
375 ml (3/8 l) Essig	mit
375 ml (3/8 l) Wein-Essig **375 ml (3/8 l) Wasser** **250 g Zucker** **30 g Senfpulver**	zum Kochen bringen, etwa 15 Minuten kochen lassen, das Gemüse unterrühren, in vorbereitete Gläser (S. 20 Punkt 4/5) füllen die Gläser nach dem Erkalten verschließen (S. 20 ab Punkt 11) **oder** bei Schraubverschlußgläsern (Twist-off-Deckel) die Gläser **sofort** verschließen.

Pikante Zwiebeln

1 kg kleine, feste Zwiebeln	abziehen
500 ml (1/2 l) Wasser	mit
1 Eßl. Salz	zum Kochen bringen, die Zwiebeln hineingeben, zum Kochen bringen, etwa 10 Minuten kochen, gut abtropfen, erkalten lassen
2 Bund Estragon	vorsichtig abspülen, trockentupfen, mit den Zwiebeln in vorbereitete Gläser (S. 20 Punkt 4/5) füllen *für die Essig-Zucker-Lösung*
2 Knoblauchzehen	abziehen, fein hacken, mit
1 Eßl. Salz	zerdrücken
500 ml (1/2 l) Essig	mit dem Knoblauch,
250 ml (1/4 l) Wasser **250 ml (1/4 l) Weißwein** **250 g Zucker** **1/2 Eßl. weißen Pfefferkörnern** **2 Lorbeerblättern**	zum Kochen bringen, kurz aufkochen lassen, von der Kochstelle nehmen
1 Päckchen Einmach-Hilfe	unterrühren, über die Zwiebeln gießen die Gläser nach dem Erkalten verschließen (S. 20 Punkt 11) **oder** bei Schraubverschlußgläsern (Twist-off-Deckel) die Gläser **sofort** verschließen.

Eingelegte Möhren

400 g Möhren putzen, schrappen, waschen, längs in regelmäßigen Abständen 4–5 Vertiefungen ausschaben
die Möhren in Scheiben schneiden (danach entsteht eine Blütenform)
die Möhrenscheiben, die entstandenen ausgeschabten Möhrenstreifen in einen Kochtopf geben

200 g sehr kleine Champignons putzen, waschen, abtropfen lassen, mit dem

Saft von 1 Zitrone zu den Möhren geben

1 Bund Frühlingszwiebeln putzen, waschen, längs halbieren
für die Essig-Lösung

250 ml (1/4 l) Rotwein-Essig mit
2 Eßl. Zucker
125 ml (1/8 l) Wasser
2 Teel. weißen Pfefferkörnern
1 Teel. Fenchelsamen
3 Salbeiblättchen
1–2 Lorbeerblättern
Salz zum Kochen bringen, Möhrenscheiben und Champignons hinzufügen,

zum Kochen bringen, etwa 8 Minuten ziehen lassen, von der Kochstelle nehmen
Möhrenscheiben und Champignons zusammen mit den Frühlingszwiebeln in vorbereitete Gläser (S. 20 Punkt 4/5) füllen
die Flüssigkeit nochmals zum Kochen bringen, von der Kochstelle nehmen

1 Päckchen Einmach-Hilfe unterrühren, über das Gemüse gießen
die Gläser nach dem Erkalten verschließen (S. 20 ab Punkt 11).

Pickles aus buntem Gemüse

1 kg kleine, feste Gurken waschen, mit

kaltem Wasser bedecken, etwa 12 Stunden an einem kühlen Ort stehenlassen, danach sorgfältig bürsten, abspülen, die Gurken einzeln mit einem Tuch abtrocknen, schlechte Stellen entfernen

1 kleinen Kopf Blumenkohl putzen, in Röschen teilen, waschen (evtl. in Salzwasser legen, um Raupen und Insekten zu entfernen), abtropfen lassen

250 g Grüne Bohnen putzen, evtl. abfädeln, waschen, in etwa 4 cm lange Stücke brechen

500 g Karotten putzen, schrappen, waschen
Blumenkohl, Bohnen und Karotten nacheinander in

wenig Salzwasser geben, zum Kochen bringen, gar dünsten, abtropfen lassen

125 g Perlzwiebeln abziehen
das gedünstete Gemüse, die Gurken und die Perlzwiebeln mit

3 Lorbeerblättern
20 Pfefferkörnern
10 Gewürznelken in vorbereitete Gläser (S. 20 Punkt 4/5) schichten
für die Essig-Zucker-Lösung

1 1/2 l Kräuter-Essig mit
500 ml (1/2 l) Wasser
1 gehäuften Eßl. Salz
4 gehäufte Eßl. Zucker zum Kochen bringen, von der Kochstelle nehmen

1 Päckchen Einmach-Hilfe unterrühren, über das Gemüse gießen
die Gläse nach dem Erkalten verschließen (S. 20 ab Punkt 11)
oder bei Schraubverschlußgläsern (Twist-off-Deckel) die Gläser **sofort** verschließen.

Junger Knoblauch im Essig-Sud

300 g ganz junge Knoblauchpflanzen mit Grün (die Knollen dürfen kaum ausgebildet sein) abspülen, die Wurzeln abschneiden, die Knoblauchpflanzen in

1 l kochendes Salzwasser geben, zum Kochen bringen, auf ein Sieb geben, mit kaltem Wasser übergießen, abtropfen lassen

3–4 große Zweige Einmach-Dill
3–4 Bohnenkrautzweige

die Kräuter vorsichtig abspülen, trockentupfen, mit den Knoblauchpflanzen in ein vorbereitetes Glas (S. 20 Punkt 4/5) geben

250 ml (1/4 l) Weißwein mit
125 ml (1/8 l) Essig
1 Teel. Salz
1 Teel. Zucker zum Kochen bringen, unter Rühren kochen lassen, bis sich Salz und Zucker gelöst haben

den Essigsud in das Glas bis etwa 3 cm unter den Rand füllen

125 ml (1/8 l) Olivenöl vorsichtig hinzugießen

den Knoblauch in Essigsud erkalten lassen, das Glas verschließen (S. 20 ab Punkt 11).

Renekloden, süß-sauer

2 kg Renekloden waschen, gut abtropfen lassen, in ein vorbereitetes Gefäß (S. 20 Punkt 4/5) füllen

für die Essig-Zucker-Lösung

250 ml (1/4 l) Wein-Essig mit
250 ml (1/4 l) Wasser
750 g Zucker
1 Stück Stangenzimt
5 Gewürznelken
Zitronenschale (unbehandelt) zum Kochen bringen, kurz aufkochen lassen, von der Kochstelle nehmen

1 Päckchen Einmach-Hilfe unterrühren, über die Renekloden gießen

das Gefäß nach dem Erkalten verschließen (S. 20 ab Punkt 11).

Würzige Essig-Pflaumen

1½ kg Pflaumen oder Zwetschen gründlich waschen, abtrocknen, jede Pflaume mit einem Hölzchen einige Male einstechen, in vorbereitete Gläser (S. 20 Punkt 4/5) füllen
für die Essig-Zucker-Lösung
750 ml (¾ l) Weißwein mit
300 ml Rotwein
10 Eßl. Essig
1 kg Zucker
1 Stück Stangenzimt
5 Gewürznelken
abgeriebener Schale von 1–2 Zitronen (unbehandelt) zum Kochen bringen (Zucker muß sich völlig gelöst haben), kochendheiß über die Pflaumen gießen, die Gläser verschließen
die Flüssigkeit nach etwa 24 Stunden abgießen, zum Kochen bringen, wieder über die Pflaumen gießen
diesen Vorgang in Abständen von 24 Stunden noch zweimal wiederholen
die Gläser nach dem Erkalten verschließen (S. 20 ab Punkt 11).

Kürbis, süß-sauer

2½ kg Kürbis schälen, waschen, das Mark mit einem Löffel auskratzen
den Kürbis in kleine Würfel schneiden, in eine Schüssel geben
125 ml (⅛ l) Wein-Essig darüber gießen, gut durchrühren
den Kürbis etwa 12 Stunden (am besten über Nacht) durchziehen lassen
den Kürbis abtropfen lassen, die Flüssigkeit auffangen, mit
125 ml (⅛ l) Weinessig
750 g Zucker
1–2 Stück Stangenzimt
einigen Gewürznelken zum Kochen bringen, den Kürbis hineingeben, zum Kochen bringen, glasig werden lassen, heiß mit der Flüssigkeit in vorbereitete Schraubverschlußgläser (Twist-off-Deckel) füllen, **sofort** verschließen.

Paprika, süß-sauer eingelegt

(Abb. nebenstehend)

6 Paprikaschoten (etwa 1 kg – rot, gelb, grün) halbieren, entstielen, entkernen, die weißen Scheidewände entfernen, die Schoten waschen, in Stücke schneiden, in
wenig kochendes Salzwasser geben, zum Kochen bringen, etwa 2 Minuten kochen lassen, auf ein Sieb geben, mit kaltem Wasser übergießen, abtropfen lassen, in vorbereitete Gläser (S. 20 Punkt 4/5) geben
für die Essig-Zucker-Lösung
1 kleine Zwiebel abziehen, in Scheiben schneiden, mit
125 ml (⅛ l) Salzwasser
250 ml (¼ l) rotem Obst-Essig
200 g Zucker
1 Teel. Pfefferkörnern
2 Lorbeerblättern zum Kochen bringen
2 grüne Chilischoten entstielen, entkernen, waschen, in die Flüssigkeit geben, bei schwacher Hitze etwa 5 Minuten kochen lassen, über die Paprikaschoten gießen
die Gläser nach dem Erkalten verschließen (S. 20 ab Punkt 11).

Champignons, eingelegt

500 g kleine Champignons putzen, waschen
250 ml (¼ l) Wein-Essig mit
125 ml (⅛ l) Wasser
2 Teel. Zucker
2 Teel. Salz
3 Gewürznelken
5 Pfefferkörnern
1 Lorbeerblatt zum Kochen bringen, die Champignons hineingeben, zum Kochen bringen, 10–15 Minuten kochen lassen, von der Kochstelle nehmen
1 Päckchen Einmach-Hilfe unterrühren
die Champignons in vorbereitete Gläser (S. 20 Punkt 4/5) füllen
2 Eßl. Salatöl darüber verteilen
die Gläser nach dem Erkalten verschließen (S. 20 ab Punkt 11).

Süß-saure Pflaumen oder Mirabellen

1 kg Pflaumen oder Zwetschen
1 kg Mirabellen
das Obst waschen, gut abtropfen lassen, die Früchte mehrmals mit einem Holzstäbchen einstechen
für die Essig-Zucker-Lösung

375 ml (3/8 l) Rotwein-Essig mit
125 ml (1/8 l) Wasser
125 ml (1/8 l) Rotwein
1 kg Zucker
4 Gewürznelken
1 Stange Zimt zum Kochen bringen, einige Minuten kochen lassen, die Früchte hineingeben, zum Kochen bringen, mit der Flüssigkeit in vorbereitete Gläser (S. 20 Punkt 4/5) geben, die Gläser verschließen
nach etwa 48 Stunden die Flüssigkeit wieder abgießen, zum Kochen bringen, heiß über die Früchte gießen, die Gläser nach dem Erkalten verschließen (S. 20 ab Punkt 11).

Harzer Käse in Öl

Für die Marinade

500 ml (1/2 l) Speiseöl mit
1/2 Teel. weißen Pfefferkörnern
2 abgezogenen Knoblauchzehen
Kapern
1/4 Teel. Kümmel
1 Lorbeerblatt
1 kleinen Rosmarinzweig
1 kleinen Thymianzweig
1–2 roten Chilischoten vermengen
500 g Harzer Käse in die vorgegebenen Einzelstücke (Rollen) teilen, in ein hohes, vorbereitetes Glasgefäß (S. 20 Punkt 4/5) geben, mit der Marinade übergießen (Käse soll bedeckt sein), das Glas verschließen (S. 20 ab Punkt 11), mindestens 4–5 Tage stehenlassen.

Beigabe: Grau-, Misch- oder Vollkornbrot.
Anmerkung: Die Marinade kann mehrmals verwendet werden.

Provençalische Oliven

500 g schwarze Oliven abtropfen lassen
4 Knoblauchzehen abziehen, in dünne Scheiben schneiden
1 Rosmarinzweig
3 Thymianzweige
5 Salbeiblättchen
die drei Kräuter vorsichtig abspülen, trockentupfen
Oliven, Knoblauchscheiben und Kräuter in einen vorbereiteten Steintopf (S. 20 Punkt 4/5) schichten
für die Essig-Lösung

150 ml Rotwein-Essig mit
75 ml Wasser
12 schwarzen Pfefferkörnern zum Kochen bringen, kochendheiß über die Oliven gießen, abkühlen lassen
100 ml kaltgepreßtes Olivenöl darüber gießen
den Steintopf verschließen (S. 20 ab Punkt 11), kühl aufbewahren.

Matjes in Dill

Für die Marinade

375 ml ($^3/_8$ l) Rotwein-Essig mit
150 g Zucker
2 Lorbeerblättern zum Kochen bringen, unter Rühren kochen, bis der Zucker gelöst ist, erkalten lassen
10 Matjesfilets unter fließendem kaltem Wasser abspülen, trockentupfen
2–3 rote Zwiebeln (etwa 150 g) abziehen, in Scheiben schneiden
Matjesfilets, Zwiebelscheiben mit
5–6 Eßl. gehacktem Dill abwechselnd in ein vorbereitetes Glas (S. 20 Punkt 4/5) schichten, mit der kalten Marinade übergießen, das Glas verschließen (S. 20 ab Punkt 11), kühl stellen (aber nicht in den Kühlschrank), etwa 2 Tage durchziehen lassen.
Beigabe: Bauernbrot mit Butter.

Auberginen in Öl

Von
1 kg kleinen Auberginen die Stengelansätze abschneiden, die Auberginen waschen, in Scheiben schneiden
500 ml ($^1/_2$ l) hellen Wein-Essig mit
Salz zum Kochen bringen, die Auberginen hinzufügen, zum Kochen bringen, etwa 20 Minuten kochen lassen, gut abtropfen, erkalten lassen
die Auberginen abwechselnd mit
6 Gewürznelken
2 Eßl. Pfefferkörnern
2 Messerspitzen geriebener Muskatnuß
2 abgezogenen Knoblauchzehen
2 Messerspitzen gemahlenem Zimt in vorbereitete Schraubverschlußgläser (Twist-off-Deckel) schichten, mit
500–700 ml ($^1/_2$–$^3/_4$ l) Olivenöl übergießen
die Gläser verschließen
die Auberginen mindestens 1 Monat an einem kühlen Ort (Keller) stehenlassen.
Haltbarkeit: Etwa 6 Monate.

Tomaten in Essig

2 kg kleine, reife, aber feste Tomaten kurze Zeit in kochendes Wasser legen (nicht kochen lassen), in kaltem Wasser abschrecken, enthäuten, die Tomaten in vorbereitete Gläser (S. 20 Punkt 4/5) füllen

für die Essig-Lösung

4 Schalotten oder kleine Zwiebeln abziehen, in Ringe schneiden, mit

1 l Wein-Essig

250 ml (1/4 l) Wasser

20 g Zucker

20 g Salz

2 Gewürznelken

20 g Pfefferkörnern

20 g Senfkörnern zum Kochen bringen, von der Kochstelle nehmen

1 Päckchen Einmach-Hilfe unterrühren, über die Tomaten, gießen, die Gläser nach dem Erkalten verschließen (S. 20 ab Punkt 11).

Perlzwiebeln, süß-sauer

750 g Perlzwiebeln abziehen

1/2 rote Paprikaschote entstielen, entkernen, die weißen Scheidewände entfernen, die Schote waschen, in Würfel schneiden

1 l Salzwasser zum Kochen bringen, die Perlzwiebeln hineingeben, zum Kochen bringen, etwa 5 Minuten kochen lassen, die Paprikawürfel hinzufügen, etwa 1 Minute mitkochen, abtropfen lassen, in vorbereitete Gläser (S. 20 Punkt 4/5) füllen

für die Essig-Zucker-Lösung

250 ml (1/4 l) Wein-Essig mit

125 ml (1/8 l) Wasser

375 g Zucker

5 Gewürznelken

1 Teel. Senfkörnern zum Kochen bringen, kurz aufkochen lassen, von der Kochstelle nehmen

1 Päckchen Einmach-Hilfe unterrühren, über die Perlzwiebeln gießen

die Gläser nach dem Erkalten verschließen (S. 20 ab Punkt 11).

Prinzeßbohnen, süß-sauer

1 kg Prinzeßbohnen putzen, evtl. abfädeln, waschen,

Salzwasser zum Kochen bringen, die Bohnen hineingeben, zum Kochen bringen, etwa 5 Minuten kochen lassen, auf ein Sieb geben, die Bohnen kurz in

sehr kaltes Wasser (Wassereiswürfel aus dem Gefrierfach in das Wasser geben) tauchen, abtropfen lassen, in vorbereitete Gläser (S. 20 Punkt 4/5) füllen

für die Essig-Zucker-Lösung

500 ml (1/2 l) Wein-Essig mit
500 ml (1/2 l) Wasser
750 g Zucker
2 Zimtstangen
10 Gewürznelken zum Kochen bringen, etwas einkochen lassen, von der Kochstelle nehmen
1 Päckchen Einmach-Hilfe unterrühren, über die Bohnen gießen
die Gläser nach dem Erkalten verschließen (S. 20 ab Punkt 11).

Melone, süß-sauer

2 Netzmelonen (etwa 2 kg) vierteln, entkernen, schälen, in Stücke schneiden, in ein vorbereitetes Glas (S. 20 Punkt 4/5) füllen
für die Essig-Zucker-Lösung
250 ml (1/4 l) Wein-Essig mit
250 ml (1/4 l) Wasser
250 g Zucker
1 Päckchen Vanillin-Zucker
2 Zimtstangen
6 Gewürznelken
1 Messerspitze Ingwerpulver
einigen gelben Senfkörnern zum Kochen bringen, kurz aufkochen lassen, über die Melonenstücke gießen, Saft nach 3 Tagen abgießen, etwas einkochen lassen, von der Kochstelle nehmen
1 Päckchen Einmach-Hilfe unterrühren, wieder über die Melonenstücke gießen
das Glas nach dem Erkalten verschließen (S. 20 ab Punkt 11).

Zuckerscheiben

3 mittelgroße Salatgurken (etwa 1 kg) waschen, in Scheiben schneiden
2 l Wasser mit
2 Teel. Salz zum Kochen bringen, die Gurkenscheiben hineingeben, zum Kochen bringen, etwa 5 Minuten kochen, abtropfen lassen

1 Zwiebel abziehen, in Scheiben schneiden
3–4 Zweige Einmachdill
2–3 Zweige Estragon
die Kräuter vorsichtig abspülen, trockentupfen
Gurken- und Zwiebelscheiben mit den Kräutern abwechselnd in vorbereitete Gläser (S. 20 Punkt 4/5) schichten
für die Essig-Zucker-Lösung
500 ml (1/2 l) Kräuter-Essig mit
750 ml (3/4 l) Wasser
300 g Zucker
1 Stange Zimt
5 Lorbeerblättern
1 Eßl. Senfkörnern zum Kochen bringen, die Flüssigkeit auf etwa 1 l einkochen lassen, kochendheiß über die Gurkenscheiben gießen
die Gläser nach dem Erkalten verschließen (S. 20 ab Punkt 11) **oder** bei Schraubverschlußgläsern (Twist-off-Deckel) die Gläser **sofort** verschließen.

Gurken in Bier

800 g Salatgurken	schälen, die Enden abschneiden, die Gurken längs halbieren, entkernen, quer in Streifen schneiden, in
wenig kochendes Salzwasser	geben, zum Kochen bringen, etwa 6 Minuten dünsten, abtropfen lassen
375 ml (3/8 l) dunkles Bier	mit
abgeriebener Schale und Saft von 1/2 Zitrone (unbehandelt)	
2 Teel. Zucker	
1 Teel. Salz	zum Kochen bringen, die Gurkenstreifen hineingeben, etwa 5 Minuten bei schwacher Hitze dünsten lassen
1 Päckchen Einmach-Hilfe	unterrühren, mit
2 Zitronenscheiben (unbehandelt)	in ein vorbereitetes großes Glas (S. 20 Punkt 4/5) geben das Glas verschließen (S. 20 ab Punkt 11).

Pilze in Öl

1 kg frische, kleine, feste Pilze	putzen, gründlich waschen
500 ml (1/2 l) hellen Wein-Essig	mit
Salz	zum Kochen bringen, die Pilze hinzufügen, zum Kochen bringen, etwa 10 Minuten kochen lassen, abgießen, gut abtropfen lassen die Pilze abwechselnd mit
4 Lorbeerblättern	
2 Eßl. weißen Pfefferkörnern	
4 Gewürznelken	in vorbereitete Gläser mit Twist-off-Verschluß schichten, mit
500–750 ml (1/2–3/4 l) Olivenöl	übergießen die Gläser gut verschließen die Pilze mindestens 1 Monat an einem kühlen Ort (Keller) stehenlassen.
Haltbarkeit:	Etwa 6 Monate.

Birnen, mal ganz anders

1 kg reife Birnen	schälen, halbieren, von Blüte, Stiel und Kerngehäuse befreien *für die Essig-Zucker-Lösung*
500 ml (1/2 l) Wein-Essig	mit
250 ml (1/4 l) Wasser	
500 g Zucker	
1 Stück Stangenzimt	
gelber Schale von 1 Zitrone (unbehandelt)	
einigen Gewürznelken	zum Kochen bringen, die Birnenhälften portionsweise hineingeben, zum Kochen bringen, einige Minuten kochen lassen (dürfen nicht zu weich sein), mit einem Schaumlöffel herausnehmen, in vorbereitete Gläser (S. 20 Punkt 4/5) füllen die Flüssigkeit noch etwas einkochen lassen, heiß über die Birnen gießen, die Gläser verschließen nach etwa 48 Stunden die Flüssigkeit abgießen, zum Kochen bringen, erkalten lassen, über die Birnen geben die Gläser verschließen (S. 20 ab Punkt 11).

Gurkentaler

1½ kg Salatgurken waschen, in etwa 3 cm dicke Scheiben schneiden, mit
Salz bestreut einige Zeit stehenlassen
die Gurkenscheiben auf ein Sieb geben, abtropfen lassen, die Flüssigkeit auffangen
2 Bund Dill vorsichtig abspülen, trockentupfen, grob zerschneiden, mit den Gurkenscheiben vermengen, in vorbereitete Gläser (S. 20 Punkt 4/5) füllen
für die Essig-Zucker-Lösung
500 ml (½ l) Wasser mit der abgetropften Gurkenflüssigkeit,
500 ml (½ l) Essig
150 g Zucker
1 Päckchen Gurkengewürz zum Kochen bringen, kurz aufkochen lassen, von der Kochstelle nehmen
1 Päckchen Einmach-Hilfe unterrühren, über die Gurkenscheiben gießen
die Gläser nach dem Erkalten verschließen (S. 20 ab Punkt 11).

Ingwer-Gurken nach altem Rezept

2 kg kleine Gurken waschen, mit
Salzwasser (auf 1 l Wasser 50 g Salz) bedecken, 12–24 Stunden an einem kühlen Ort stehenlassen, danach sorgfältig bürsten, abspülen, die Gurken einzeln mit einem Tuch abtrocknen, schlechte Stellen entfernen
einige Zweige Dill
12 Blätter Zitronenmelisse
die Kräuter abspülen, abtropfen lassen
1 Stück Ingwerwurzel (etwa 50 g) schälen, in Scheiben schneiden
die Gurken abwechselnd mit den Zutaten in vorbereitete Gläser (S. 20 Punkt 4/5) schichten
für die Essig-Zucker-Lösung
1¼ Weißwein-Essig mit
1¼ l trockenem Weißwein
250 g Zucker
2 Eßl. schwarzen Pfefferkörnern zum Kochen bringen, kurz aufkochen lassen (Zucker muß sich völlig gelöst haben), von der Kochstelle nehmen
1 Päckchen Einmach-Hilfe unterrühren, über die Gurken gießen
die Gläser nach dem Erkalten verschließen (S. 20 ab Punkt 11) **oder** bei Schraubverschlußgläser (Twist-off-Deckel) die Gläser **sofort** verschließen.

Fenchel, süß-sauer

Etwa 1½ kg Fenchelknollen putzen, waschen, vierteln, in
500 ml (½ l) Salzwasser geben, zum Kochen bringen, etwa 10 Minuten kochen, abtropfen lassen
375 ml (⅜ l) Wein-Essig (5%) mit
500 ml (½ l) Wasser
125 g Zucker zum Kochen bringen
100 g Schalotten
3 Knoblauchzehen beide Zutaten abziehen, fein würfeln
1 Limone (unbehandelt) heiß abwaschen, abtrocknen, in Scheiben schneiden
die drei Zutaten mit
2 kleinen roten Chilischoten
2 Sternanisblüten
1 Eßl. grünem Pfeffer
Rosmarinnadeln in die heiße Flüssigkeit geben, kurz aufkochen lassen, von der Kochstelle nehmen
1 Päckchen Einmach-Hilfe unterrühren
die Fenchelstücke in ein großes vorbereitetes Glas (S. 20 Punkt 4/5), die Flüssigkeit darüber gießen, erkalten lassen, das Glas verschließen (S. 20 ab Punkt 11).

Eingelegter Blumenkohl

1 Kopf Blumenkohl putzen, in Röschen teilen, waschen (evtl. in Salzwasser legen, um Raupen und Insekten zu entfernen), abtropfen lassen
für die Essig-Zucker-Lösung
250 ml (¼ l) Kräuter-Essig mit
375 ml (⅜ l) Wasser
2 Eßl. Zucker
2 Teel. Salz
1 Lorbeerblatt
6 Pfefferkörnern
6 Pimentkörnern zum Kochen bringen, die Blumenkohlröschen hineingeben, zum Kochen bringen, etwa 10 Minuten kochen lassen, mit einem Schaumlöffel herausnehmen, in vorbereitete Gläser (S. 20 Punkt 4/5) füllen
die Flüssigkeit nochmals zum Kochen bringen, über die Blumenkohlröschen gießen
die Gläser nach dem Erkalten verschließen (S. 20 ab Punkt 11) **oder** bei Schraubverschlußgläsern (Twist-off-Deckel) die Gläser **sofort** verschließen.

Essig-Gurken mit Meerrettich

(Abb. nebenstehend)

4 kg nicht zu große, gerade gewachsene Gurken waschen, mit

Salzwasser (auf 1 l Wasser 75 g Salz) bedecken, 12–24 Stunden an einem kühlen Ort stehenlassen, danach sorgfältig bürsten, abspülen, die Gurken einzeln mit einem Tuch abtrocknen, schlechte Stellen entfernen

375 g Perlzwiebeln abziehen

75 g Meerrettich putzen, waschen, in Stücke schneiden

Dill, Estragon

die Kräuter abspülen, trockentupfen

die Gurken abwechselnd mit den Zutaten in einen vorbereiteten Steintopf (S. 20 Punkt 4/5) schichten

für die Essig-Zucker-Lösung

$1\frac{1}{2}$ l Wein-Essig (5%) mit

$1\frac{1}{2}$ l Wasser

300–375 g Zucker zum Kochen bringen, von der Kochstelle nehmen

1 Päckchen Einmach-Hilfe unterrühren

so viel von der heißen Flüssigkeit über die Gurken gießen, daß sie gut bedeckt sind, erkalten lassen, den Topf verschließen.

Grüne Bohnen, eingesalzen

Junge Stangenbohnen putzen, evtl. abfädeln, waschen, gut abtropfen lassen, schnippeln (Bohnenschneidemaschine oder Schnippelmesser), die Bohnen mit

Salz (auf 5 kg Bohnen 200 g Salz) mischen, so fest wie möglich in einen vorbereiteten Steintopf (S. 21 ab Punkt 3) drücken
die Bohnen mit einem Tuch bedekken, mit Brett und Stein beschweren, an einem kühlen Ort zugedeckt aufbewahren

Dauer der Gärung: 4–6 Wochen.

Ungarischer Gemüse-Salat (Csalamàdè)

1 kg grüne Paprikaschoten halbieren, entstielen, entkernen, die weißen Scheidewände entfernen, die Schoten waschen, in dünne Streifen schneiden

1 kg grüne Tomaten waschen, die Stengelansätze herausschneiden, die Tomaten vierteln von

1 kleinen Kopf Weißkohl (etwa 750 g) die äußeren Blätter entfernen, den Kohlkopf achteln, den Strunk herausschneiden, den Kohl waschen, in feine Streifen schneiden oder hobeln

1 große Zwiebel abziehen, evtl. halbieren, in dünne Ringe schneiden

1 Peperoni entstielen, entkernen, waschen, in dünne Ringe schneiden
die fünf Zutaten miteinander vermengen, in vorbereitete Gläser (S. 20 Punkt 4/5) füllen
für die Essig-Zucker-Lösung

1000 ml (1 l) Kräuter-Essig mit

1½ l Wasser

250 g Zucker

3 Eßl. schwarzen Pfefferkörnern zum Kochen bringen, unter Rühren kochen, bis der Zucker gelöst ist, kochendheiß über das Gemüse giessen, abkühlen lassen, verschließen
nach 12–24 Stunden die Essig-Zukker-Lösung abgießen, zum Kochen bringen, wieder über das Gemüse gießen
die Gläser nach dem Erkalten verschließen (S. 20 ab Punkt 11).

Sauerkraut

Feste, frische Weißkohlköpfe von den äußeren Blättern befreien, fein hobeln
das Kraut abwechselnd mit

Salz (auf 5 kg Weißkohl 100 g Salz) in einen vorbereiteten Steintopf (S. 21 ab Punkt 3) stampfen, und zwar muß jede Krautlage so gestampft werden, daß der sich bildende Saft über dem Kohl steht
den Kohl mit einem Tuch bedecken, mit Brett und Stein beschweren, an

einem kühlen Ort zugedeckt aufbewahren

Dauer der Gärung: 4–6 Wochen.
Veränderung: Wacholderbeeren, Weinblätter oder Apfelscheiben (auf 5 kg Weißkohl 500 g Äpfel) mit einschichten.

Senfgurken

2 kg Gemüsegurken (vorbereitet gewogen) vorbereiten: Gurken schälen, der Länge nach durchschneiden, das Mark mit einem Löffel auskratzen die Gurken in 2–3 cm dicke Stücke schneiden, in eine Schüssel geben, mit
etwa 1½ Eßl. Salz bestreuen, so viel
Wasser hinzufügen, daß die Gurken bedeckt sind, zugedeckt 24 Stunden an einem kühlen Ort stehenlassen, abtropfen lassen, in ein vorbereitetes großes Glas (S. 20 Punkt 4/5) füllen
für die Essig-Zucker-Lösung
250 ml (¼ l) Wein-Essig mit
250 ml (¼ l) Wasser
375 g Zucker
1 Eßl. Salz
2 Eßl. gelben Senfkörnern zum Kochen bringen, kurz aufkochen lassen, von der Kochstelle nehmen
1 Päckchen Einmach-Hilfe unterrühren, über die Gurken gießen das Glas nach dem Erkalten verschließen (S. 20 ab Punkt 11).

Pfirsich-Ingwer-Pickles

1 kg Pfirsiche kurze Zeit in kochendes Wasser legen (nicht kochen lassen), enthäuten, halbieren, entsteinen, vierteln
100 g Ingwer in Sirup (aus dem Glas) in Streifen schneiden beide Zutaten mit
10–20 Gewürznelken in ein vorbereitetes großes Glas (S. 20 Punkt 4/5) schichten
für die Essig-Zucker-Lösung
150 ml Wein-Essig mit
200 ml Wasser
375 g Zucker zum Kochen bringen, kurz aufkochen lassen, von der Kochstelle nehmen
1 Päckchen Einmach-Hilfe unterrühren, über die Pfirsiche gießen das Glas nach dem Erkalten verschließen (S. 20 ab Punkt 11).

Würzige Essige und Öle

Orangen-Essig

(Abb. S. 168/169)

500 ml (1/2 l) Rotwein-Essig in eine gut gesäuberte Flasche füllen

1 Orange (unbehandelt) spiralförmig schälen (es darf keine weiße Haut an der Schale vorhanden sein)
die Schale in die Flasche geben
die Flasche verschließen, kühl aufbewahren.

Basilikum-Essig

(Abb. S. 168/169)

2 Bund Basilikum vorsichtig abspülen, trockentupfen, in eine breithalsige gut gesäuberte Flasche geben, mit

1 l Wein-Essig auffüllen
die Flasche verschließen
den Essig mindestens 14 Tage gut gekühlt stehenlassen (Essig färbt sich rot), filtern, in vorbereitete Flaschen füllen, verschließen, kühl aufbewahren.

Tip: Basilikumessig schmeckt zu Tomatensalat, grünem Salat und zu Auberginengerichten.

Holunder-Essig

10 frische gepflückte große Holunderblütendolden vorsichtig abspülen, trockentupfen, in ein gut gesäubertes Glas geben, mit

1 l Weißwein-Essig auffüllen
das Glas verschließen, 2–3 Wochen, am besten an einem sonnigen Platz, stehenlassen
den Essig durch ein Tuch gießen, in vorbereitete Flaschen füllen, gut verschließen

Tip: Bei der Zubereitung von Kräuter-Ölen empfiehlt es sich, die Kräuter entweder feingehackt dem Öl beizumischen oder sie gebündelt etwa 3 Tage zu trocknen, um eine Trübung des Öls zu verhindern.

Scharfes Gewürz-Öl

(Abb. S. 168/169)

1 Zweig Lorbeerblätter vorsichtig trockentupfen
etwa 3 Tage trocknen lassen, mit

10 getrockneten Pfefferschoten
1 Teel. Pfefferkörnern
Wacholderbeeren in eine gut gesäuberte Flasche geben, mit

750 ml (3/4 l) Olivenöl auffüllen, die Flasche verschließen, etwa 14 Tage stehenlassen.

Tip: Dieses sehr scharfe Gewürz-Öl muß sparsam verwendet werden. Es eignet sich zum Bestreichen von gegrilltem Fleisch und zum Marinieren von südlichen Salaten.

Würziger Sherry-Essig

100 ml Essig-Essenz (25%) mit

400 ml trockenem Sherry in eine sorgfältig gespülte Flasche füllen

1 Teel. Pimentkörner
1 Teel. Korianderkörner
1 Sternanis hinzufügen, die Flasche verschließen, etwa 14 Tage stehenlassen, den Sherry-Essig durch ein Sieb gießen, wieder in die gut gesäuberte Flasche füllen, verschließen.

Dill-Essig

(Abb. S. 168/169 + nebenstehend)

2 große Zweige Einmach-Dill vorsichtig abspülen, trockentupfen, in eine gut gesäuberte Flasche geben,
mit

500 ml (1/2 l) Weißwein-Essig auffüllen, die Flasche verschließen, etwa 14 Tage an einem dunklen, kühlen Ort (Keller) stehenlassen.

Zitronenmelisse-Lavendel-Essig
(Abb. oben)

2 große Zitronenmelissezweige
1–2 Lavendelzweige

die Kräuter vorsichtig abspülen, trockentupfen, in eine gut gesäuberte Flasche geben, mit

500 ml (1/2 l) Wein-Essig (5%) auffüllen, die Flasche verschließen, etwa 14 Tage an einem dunklen, kühlen Ort (Keller) stehenlassen.

Tip: Zitronenmelisse-Lavendel-Essig zu Salatsoßen verwenden.

Estragon-Essig
(Abb. oben)

2 Estragonzweige vorsichtig abspülen, trockentupfen, in eine gut gesäuberte Flasche geben, mit

500 ml (1/2 l) Wein-Essig auffüllen, die Flasche gut verschließen, etwa 14 Tage an einem dunklen, kühlen Ort (Keller) stehenlassen.

Tip: Estragon-Essig zu Salatsoßen und zum Würzen von Fischgerichten verwenden.

Rosmarin-Öl
(Abb. oben)

2 große oder 3–4 kleine Rosmarinzweige vorsichtig abspülen, trockentupfen, etwa 3 Tage trocknen lassen, in eine gut gesäuberte Flasche geben, mit

750 ml (3/4 l) Speiseöl auffüllen, die Flasche verschließen, etwa 14 Tage stehenlassen.

Tip: Rosmarinöl zum Braten von Lammfleisch oder zum Bestreichen von Grillfleisch verwenden.

Himbeer-Essig

300 g Himbeeren (frisch oder tiefgekühlt)
frische Himbeeren verlesen, vorsichtig waschen
tiefgekühlte Himbeeren auftauen lassen
die Himbeeren in eine gut gesäuberte Flasche mit weitem Hals geben, mit

knapp 500 ml (1/2 l) Wein-Essig (5%) auffüllen, die Flasche verschließen, etwa 14 Tage an einem sonnigen Platz (Fenster) oder einem warmen Ort (Küche) stehenlassen
den Essig abgießen, einmal aufkochen, abkühlen lassen, wieder über die Himbeeren gießen,
die Flasche verschließen, an einem kühlen Ort (Keller) aufbewahren.

Tip: Himbeer-Essig eignet sich zum Würzen feiner Salate und Soßen und von Wild, Geflügel und Leber.

Pesto

Italienische Basilikum-Soße

2 Bund Basilikum vorsichtig abspülen, trockentupfen, die Blättchen von den Stielen zupfen

4 Knoblauchzehen abziehen

4 Eßl. Pinienkerne
die drei Zutaten fein hacken, im Mörser fein zerstoßen

100 ml (1/10 l) kaltgepreßtes Olivenöl tropfenweise hinzufügen, alles gut verrühren

100 g frisch geriebenen Parmesan- oder Peccorino-Käse unterrühren, mit

Salz
etwas frisch gemahlenem Pfeffer würzen
die Basilikumsoße in gut gesäuberte kleine Gläser füllen

kaltgepreßtes Olivenöl darüber geben (etwa 1/2 cm hoch)
die Gläser verschließen, kühl aufbewahren.

Tip: Pesto zu Nudelgerichten, zu Minestrone (Italienische Gemüse-Suppe) oder zu Fleisch reichen.

Thymian-Öl in Lavendel

3 Stengel Thymian
1 Stengel Lavendel
1 Stengel Lavendel mit Blüte
die Kräuterzweige vorsichtig abspülen, trockentupfen,
3 Tage zum Trocknen hinlegen,
in eine gut gesäuberte Flasche geben, mit

500 ml (1/2 l) Olivenöl auffüllen, die Flasche verschließen
das Öl mindestens 14 Tage an einem kühlen, dunklen Ort (Keller) ziehenlassen.

Tip: Thymianöl mit Lavendel für Lamm-, Wild und gegrillte Fischgerichte oder geschmortem Gemüse (Ratatouille) und Salatsoßen verwenden.

Gewürz-Essig

1/2 Teel. Senfkörner
5 Nelken etwas zerdrücken
1 große Knoblauchzehe zerkleinern
1 Messerspitze geriebene Muskatnuß
1 Messerspitze gemahlener Ingwer
einige schwarze Pfefferkörner
1 gestrichenen Teel. Salz
2 abgezogene Schalotten abziehen

alle Zutaten in eine gut gesäuberte Flasche geben, mit

1 Flasche Wein-Essig (5%) auffüllen, die Flasche verschließen

etwa 14 Tage an einem sonnigen Ort (Küche) stehenlassen, ab und zu durchschütteln

den Gewürz-Essig durch ein Mulltuch gießen, wieder in die Flasche füllen, die Flasche verschließen.

Tip: Gewürz-Essig eignet sich zum Würzen von Fisch und pikanten Soßen.

Paprika-Öl

(Abb. nebenstehend)

2 Eßl. Paprika edelsüß
1 Eßl. Pfeffer
1 Teel. Curry-pulver
1 Teel. Chili-pulver
1 Teel. Cayenne-pfeffer mit etwas von
750 ml ($^3/_4$ l) Pflanzenöl verrühren, in eine gut gesäuberte Flasche geben, das restliche Öl nach und nach dazugießen
dabei die Flasche ab und zu gut durchschütteln
die Flasche verschließen
das Öl mindestens 14 Tage stehenlassen.

Öl mit Kräutern

(Abb. nebenstehend)

1 Zweig getrockneter Rosmarin
1 Zweig getrockneter Thymian
1 kleiner Zweig getrockneter Salbei
1 Zweig getrocknete Tripmadam
die Kräuter in eine gut gesäuberte Flasche geben, mit
750 ml ($^3/_4$ l) Pflanzenöl auffüllen, die Flasche verschließen
das Öl mindestens 14 Tage stehenlassen.

Tip: Öl mit Kräutern eignet sich für Salatsoßen.

Kräuter-Öl, pikant

(Abb. oben)

1 Bund Dill vorsichtig abspülen, trockentupfen, sehr fein schneiden
1 kleine rote Peperoni waschen, entkernen, fein hacken
1 Eßl. getrockneter Rosmarin
1 Eßl. getrockneter Thymian
1 Teel. Curry-pulver
1 Teel. Paprika edelsüß

die Zutaten in eine gut gesäuberte Flasche geben, mit
750 ml ($^3/_4$ l) Pflanzenöl auffüllen, die Flasche verschließen, kräftig durchschütteln
das Öl mindestens 14 Tage stehenlassen.

Knoblauch-Essig

(Abb. oben)

2–3 Knoblauch-zehen abziehen, evtl. halbieren
1 Zweig getrockneter Rosmarin
beide Zutaten in eine gut gesäuberte Flasche geben, mit
750 ml ($^3/_4$ l) Kräuter-Essig auffüllen, die Flasche verschließen, kühl aufbewahren.

Wein-Essig mit Pfeffer

(Abb. oben)

3 Rispen eingelegter grüner Pfeffer

Pfefferkörner	beide Zutaten in eine gut gesäuberte Flasche geben, mit
750 ml ($^3/_4$ l) Rotwein-Essig	auffüllen die Flasche verschließen, kühl aufbewahren.

Feuriger Kräuter-Essig

2 grüne Peperoni	halbieren, entstielen, entkernen, die Schoten waschen
5 Schalotten	abziehen, halbieren
2 Zweige Zitronenmelisse	vorsichtig abspülen, trockentupfen die drei Zutaten in eine breithalsige gut gesäuberte Flasche geben, mit
500 ml ($^1/_2$ l) Weißwein-Essig	auffüllen die Flasche verschließen, gut durchschütteln den Essig 2–3 Wochen kühl aufbewahren, ab und zu durchschütteln.
Anmerkung:	Da der Essig sehr scharf ist, ihn vorsichtig dosieren.

Kräuter-Öl-Mischung

2 Bund Petersilie 2 Bund Schnittlauch 6 Zweige Estragon	die Kräuter vorsichtig abspülen, trockentupfen, die groben Stiele entfernen Petersilien- und Estragonblättchen fein hacken, Schnittlauch fein schneiden
je $^1/_2$ rote, gelbe und grüne Paprikaschote	entstielen, entkernen, die weißen Scheidewände entfernen, die Schoten waschen, in Würfel schneiden, mit den Kräutern,
1 Eßl. Kümmel 1 Eßl. grob zerdrücktem schwarzem Pfeffer 1 l Olivenöl	verrühren, in eine gut gesäuberte Flasche geben, verschließen, kräftig durchschütteln, einige Tage stehenlassen.

Chutneys, Ketchups und Relishes – die raffinierten Beilagen

Apfel-Zwiebel-Chutney

(Abb. S. 176/177)

1 kg Äpfel schälen, achteln, entkernen, quer in Scheiben schneiden
250 g Zwiebeln abziehen, in Ringe schneiden
125 g Rosinen verlesen
die drei Zutaten mit
200 g braunem Kandiszucker
1 Eßl. Senfkörnern
Salz
Cayennepfeffer
250 ml (1/4 l) Wein-Essig etwa 10 Minuten dünsten lassen (Flüssigkeit muß fast verdampft sein)
das Chutney mit Salz, Cayennepfeffer abschmecken
1 Päckchen Einmach-Hilfe unterrühren
das Chutney in gut gesäuberte Gläser füllen, nach dem Erkalten verschließen (S. 20 ab Punkt 11)
oder heiß in Schraubverschlußgläser (Twist-off-Deckel) füllen, **sofort** verschließen, 5 Minuten auf dem Deckel stehenlassen.

Tomaten-Paprika-Relish

250 g Tomaten kurze Zeit in kochendes Wasser legen (nicht kochen lassen), enthäuten, die Stengelansätze entfernen
250 g rote und 250 g grüne Paprikaschoten
die Paprikaschoten halbieren, entstielen, entkernen, die weißen Scheidewände entfernen, die Schoten waschen
125 g Zwiebeln abziehen
das Gemüse grob zerkleinern, mit
250 g Zucker
Salz
Ingwerpulver
Cayennepfeffer
Nelkenpulver
Paprika edelsüß
etwa 10 Pfefferkörnern
125 ml (1/8 l) Rotwein-Essig 30–45 Minuten dünsten lassen, portionsweise im Mixer kurz pürieren
1 Päckchen Einmach-Hilfe unterrühren
das Relish in gut gesäuberte Gläser füllen, nach dem Erkalten verschließen (S. 20 ab Punkt 11).

Apfel-Feigen-Chutney

1 kg Äpfel schälen, vierteln, entkernen, in Würfel schneiden
50 g Ingwerwurzel schälen, in Stücke schneiden
beide Zutaten mit
250 g Zucker
50 g abgezogenen, gemahlenen Mandeln
1 Teel. Senfpulver
1 Teel. Salz
125 ml (1/8 l) Wein-Essig etwa 30 Minuten dünsten lassen

2–3 frische Feigen waschen, enthäuten, in kleine Stücke schneiden, hinzufügen, 15 Minuten mitdünsten lassen
das Chutney mit
Salz, Zucker
Senfpulver abschmecken
1 Päckchen Einmach-Hilfe unterrühren
das Chutney in gut gesäuberte Gläser füllen, nach dem Erkalten verschließen (S. 20 ab Punkt 11).

Curry-Ketchup

1 kg Fleischtomaten waschen
10 mittelgroße Zwiebeln abziehen
beide Zutaten in Stücke schneiden (Stengelansätze der Tomaten entfernen), das Gemüse mit
75 g braunem Zucker
1 Eßl. Salz
3 Eßl. Currypulver
Ingwerpulver
Cayennepfeffer
frisch gemahlenen schwarzen Pfeffer
125 ml (1/8 l) Wein-Essig etwa 45 Minuten dünsten lassen, durch ein Sieb streichen
die Masse nochmals so lange kochen lassen, bis sie dicklich ist, mit den Gewürzen abschmecken
1 Päckchen Einmach-Hilfe unterrühren
das Ketchup in gut gesäuberte Gläser füllen, nach dem Erkalten verschließen (S. 20 ab Punkt 11).

Tomaten-Ketchup

2 kg Fleischtomaten waschen
10 mittelgroße Zwiebeln abziehen
beide Zutaten in Stücke schneiden (Stengelansätze der Tomaten entfernen), das Gemüse mit
100 g braunem Zucker
3 Teel. Salz
Paprika edelsüß
frisch gemahlenem weißen Pfeffer
Chilipulver
Glutamat
125 ml (1/8 l) Wein-Essig etwa 45 Minuten dünsten lassen, durch ein Sieb streichen
die Masse nochmals so lange kochen lassen, bis sie dicklich ist, mit den Gewürzen abschmecken
1 Päckchen Einmach-Hilfe unterrühren
das Ketchup in gut gesäuberte Gläser füllen, nach dem Erkalten verschließen (S. 20 ab Punkt 11).

Tomaten-Paprika-Chutney

2 grüne und 1 rote Paprikaschote halbieren, entstielen, entkernen, die weißen Scheidewände entfernen, die Schoten waschen
1 kg Tomaten kurze Zeit in kochendes Wasser legen (nicht kochen lassen), in kaltem Wasser abschrecken, enthäuten
das Gemüse in Stücke schneiden
500 g Zwiebeln abziehen, in Würfel schneiden
die Zutaten mit
200 g Farinzucker
6 Gewürznelken
10 Senfkörnern
5 Pfefferkörnern
Salz
Paprika edelsüß
250 ml (1/4 l) Kräuter-Essig zum Kochen bringen, etwa 30 Minuten dünsten lassen
das Chutney in gut gesäuberte Gläser füllen, nach dem Erkalten verschließen (S. 20 ab Punkt 11)
oder heiß in Schraubverschlußgläser (Twist-off-Deckel) füllen, **sofort** verschließen,
5 Minuten auf dem Deckel stehenlassen.

Ananas-Chutney

(Abb. nebenstehend)

1 große frische Ananas schälen
4 mittelgroße Zwiebeln abziehen
beide Zutaten in feine Würfel schneiden
50 g Ingwerwurzel schälen, in Stücke schneiden
200 g Rosinen verlesen
die vier Zutaten mit
250 g braunem Zucker
Salz
2 Teel. Currypulver
Cayennepfeffer
Zitronensaft
250 ml (1/4 l) Wein-Essig etwa 45 Minuten dünsten lassen (Flüssigkeit muß fast verdampft sein)
das Chutney mit Salz, Zucker, Cayennepfeffer, Currypulver, Zitronensaft abschmecken
1 Päckchen Einmach-Hilfe unterrühren
das Chutney in gut gesäuberte Gläser füllen, nach dem Erkalten verschließen (S. 20 ab Punkt 11)
oder heiß in Schraubverschlußgläser (Twist-off-Deckel) füllen, **sofort** verschließen, 5 Minuten auf dem Deckel stehenlassen.

Orangen-Chutney

3 mittelgroße Orangen (etwa 750 g) schälen, enthäuten, das Fruchtfleisch in Würfel schneiden (Kerne entfernen)
1 säuerlicher Apfel
1 Birne
beide Zutaten schälen, vierteln, entkernen, in kleine Würfel schneiden
die drei Zutaten mit
150 g verlesenen Rosinen
250 ml (1/4 l) Wein-Essig
250 g braunem Kandiszucker
2 Teel. Senfkörnern
gemahlener Muskatblüte (Macis) zum Kochen bringen

1 mittelgroße Orange (unbehandelt, etwa 250 g) heiß abwaschen, abtrocknen, die Schale hauchdünn abschälen, in sehr feine Streifen schneiden, in die kochende Orangen-Masse geben, in etwa 15 Minuten zu einer dicklichen Masse einkochen lassen
die Orange vollständig abschälen, enthäuten, das Fruchtfleisch in Würfel schneiden (Kerne entfernen)

2 grüne Chilischoten entstielen, entkernen, waschen, abtrocknen, in dünne Ringe schneiden
beide Zutaten in das Orangen-Chutney geben, zum Kochen bringen, langsam zu einer dicklichen Masse einkochen lassen
das Chutney in gut gesäuberte Gläser füllen
nach dem Erkalten verschließen (S. 20 ab Punkt 11) **oder** heiß in Schraubverschlußgläser (Twist-off-Deckel) füllen, **sofort** verschließen.

Veränderung: Anstelle der Chilischoten Cayennepfeffer verwenden.

Tomaten-Paprika-Ketchup

1 kg Fleischtomaten waschen
8 mittelgroße Zwiebeln abziehen
1 Stück (100 g) Sellerieknolle putzen, schälen, waschen
250 g rote Paprikaschoten
250 g grüne Paprikaschoten halbieren, entstielen, entkernen, die weißen Scheidewände entfernen, die Schoten waschen
das Gemüse in Stücke schneiden (Stengelansätze der Tomaten entfernen), das Gemüse mit
100 g braunem Zucker
1 Eßl. Salz
1 Teel. Paprika edelsüß
1 Teel. Cayennepfeffer
1 Teel. frisch gemahlenem schwarzem Pfeffer
125 ml (1/8 l) Wein-Essig etwa 45 Minuten dünsten lassen, durch ein Sieb streichen
die Masse nochmals so lange kochen lassen, bis sie dicklich ist, mit den Gewürzen abschmecken
1 Päckchen Einmach-Hilfe unterrühren
das Ketchup in gut gesäuberte Gläser füllen, nach dem Erkalten verschließen (S. 20 ab Punkt 11) **oder** heiß in Schraubverschlußgläser (Twist-off-Deckel) füllen, **sofort** verschließen, 5 Minuten auf dem Deckel stehenlassen.

Zwiebel-Paprika-Relish

(Abb. nebenstehend)

1 kg Zwiebeln abziehen, grob schneiden
200 g rote Paprikaschoten
200 g grüne Paprikaschoten

die Paprikaschoten halbieren, entstielen, entkernen, die weißen Scheidewände entfernen, die Schoten waschen, in Stücke schneiden erhitzen, das Gemüse darin andünsten, mit

6 Eßl. Speiseöl
250 g braunem Zucker
knapp 2 Teel. Salz
Pfeffer
Knoblauchsalz
Zwiebelsalz
Paprika edelsüß
Glutamat
125 ml (1/8 l) Wein-Essig 30–45 Minuten dünsten lassen, portionsweise im Mixer kurz pürieren

1 Päckchen Einmach-Hilfe unterrühren
das Relish in gut gesäuberte Gläser füllen, nach dem Erkalten verschließen (S. 20 ab Punkt 11) **oder** heiß in Schraubverschlußgläser (Twist-off-Deckel) füllen, **sofort** verschließen, 5 Minuten auf dem Deckel stehenlassen.

Pfirsich-Aprikosen-Relish

500 g (1/2 kg) Pfirsiche kurze Zeit in kochendes Wasser legen (nicht kochen lassen), enthäuten, halbieren, entsteinen

500 g (1/2 kg) Aprikosen waschen, gut abtropfen lassen, halbieren, entsteinen

25 g Ingwerwurzel schälen, die drei Zutaten in kleine Stücke schneiden

250 g Rosinen verlesen, die vier Zutaten mit
250 g Zucker
50 g abgezogenen, gehackten Mandeln
Salz, Pfeffer
Senfkörnern
125 ml (1/8 l) Weißwein 30–45 Minuten dünsten lassen, portionsweise im Mixer kurz pürieren

1 Päckchen Einmach-Hilfe unterrühren
das Relish in gut gesäuberte Gläser füllen, nach dem Erkalten verschließen (S. 20 ab Punkt 11) **oder** heiß in Schraubverschlußgläser (Twist-off-Deckel) füllen, **sofort** verschließen, 5 Minuten auf dem Deckel stehenlassen.

Einmachspezialitäten für Kalorienbewußte

11 12 13 14 15 kg
50 60 90 100 110 kg

Erdbeer-Konfitüre

1000 g (1 kg) Erdbeeren (vorbereitet gewogen) vorbereiten: Erdbeeren waschen, abtropfen lassen, entstielen, wiegen (1000 g), die Erdbeeren grob zerkleinern, etwa die Hälfte der Früchte zerdrücken, die Frucht-Masse mit

4 Eßl. Zitronensaft
1 Beutel Gelfix Zwei + Eins verrühren, etwa 15 Minuten durchziehen lassen

125 ml (1/8 l) Johannisbeersaft (mit Flüssigsüße) unterrühren
die Frucht-Masse unter Rühren bei mittlerer Hitze zum Kochen bringen

2 1/2 Eßl. Flüssigsüße
2 Eßl. Zitronensaft unterrühren
die Konfitüre **1 Minute (nach der Uhr)** unter ständigem Rühren kochen lassen, von der Kochstelle nehmen
Einfüllen der Konfitüre und Verschließen der Gläser S. 15
Aufbewahren der Gläser S. 14 ab Punkt 10.

Exotische Essig-Früchte

(Abb. nebenstehend)

2 Mangos (600–800 g) halbieren, entsteinen, in Stücke schneiden

2 Papayas (600–800 g) halbieren, entkernen, in Stücke schneiden

1 Ananas (600–800 g) schälen, in Scheiben schneiden
den inneren harten „Strang" mit einem Apfelbohrer ausstechen

100 g Rosinen verlesen
für die Essig-Zucker-Lösung

375 ml (3/8 l) Weißwein-Essig mit
250 ml (1/4 l) herbem Weißwein
5–6 Teel. Flüssigsüße
1 Zimtstange
Limonenscheiben von 1 Limone (unbehandelt) zum Kochen bringen, die vier Zutaten hineingeben, zum Kochen bringen, 5–6 Minuten ziehen lassen, von der Kochstelle nehmen, zugedeckt (am besten über Nacht) stehenlassen
die Früchte mit einem Schaumlöffel herausnehmen, gut abtropfen lassen, in vorbereitete Gläser (S. 20 Punkt 4/5) füllen
die Flüssigkeit nochmals zum Kochen bringen, von der Kochstelle nehmen

1 Päckchen Einmach-Hilfe unterrühren, über die Früchte gießen
die Gläser nach dem Erkalten verschließen (S. 20 ab Punkt 11).

Ingwer-Äpfel

(Abb. nebenstehend)

1 1/2 kg säuerliche Äpfel schälen, mit einem Apfelbohrer das Kerngehäuse ausstechen, die Äpfel in etwa 1 cm dicke Scheiben (Ringe) schneiden

1 kleines Stück (40 g) Ingwerwurzel schälen, in Scheiben schneiden
für die Essig-Zucker-Lösung

125 ml (1/8 l) Weißwein-Essig mit
375 ml (3/8 l) herbem Weißwein

3½–4 Eßl. Flüssigsüße
1 Zimtstange
4 Gewürznelken
Schale von 1 Zitrone (unbehandelt)
2–3 Eßl. Zitronensaft
1 Döschen Safranpulver oder ½ Teel. Kurkuma

und der Ingwerwurzel zum Kochen bringen, die Apfelscheiben darin glasig werden lassen (dürfen nicht zerfallen), mit einem Schaumlöffel herausnehmen, gut abtropfen lassen, in vorbereitete Gläser (S. 20 Punkt 4/5) füllen
die Flüssigkeit nochmals zum Kochen bringen, von der Kochstelle nehmen (die Zitronenschale entfernen)

1 Päckchen Einmach-Hilfe unterrühren, über die Äpfel gießen
die Gläser nach dem Erkalten verschließen (S. 20 ab Punkt 11).

Anmerkung: **Die Rezepte in diesem Kapitel wurden mit Assugrin-Flüssigsüße erarbeitet.**

Gelbe Silber-Zwiebeln

500 g kleine runde Zwiebeln abziehen
250 ml (1/4 l) Wasser mit
1 gestrichenen Eßl. Salz zum Kochen bringen, kurz aufkochen lassen, über die Zwiebeln gießen, über Nacht stehenlassen
für die Essig-Lösung

500 ml (1/2 l) Weißwein mit
250 ml (1/4 l) Weißwein-Essig
2–3 Eßl. Flüssigsüße
1 Teel. Pfefferkörnern
1 Teel. Senfkörnern
8 Pimentkörnern (Nelkenpfeffer)
2 kleinen Lorbeerblättern
1/4–1/2 Teel. Kurkuma
1 getrockneten Chilischote
1 gestrichenen Eßl. Salz zum Kochen bringen, die abgetropften Zwiebeln hinzufügen, zum Kochen bringen, 5–8 Minuten kochen lassen (Zwiebeln sollen glasig, aber noch fest sein)
die Zwiebeln in vorbereitete Gläser (S. 20 Punkt 4/5) füllen
die Flüssigkeit wieder zum Kochen bringen, sofort über die Zwiebeln gießen
die Gläser nach dem Erkalten verschließen (S. 20 ab Punkt 11) **oder** bei Schraubverschlußgläsern (Twist-off-Deckel) die Gläser **sofort** verschließen.

Essig-Tomaten

1 kg kleine, feste reife Tomaten kurze Zeit in kochendes Wasser legen (nicht kochen lassen) in kaltem Wasser abschrecken, enthäuten, die Stengelansätze herausschneiden, die Tomaten mit
30–40 g Salz bestreuen, über Nacht stehenlassen, die entstandene Flüssigkeit abgießen, die Tomaten trockentupfen
250 g Schalotten abziehen

3 Stengel Staudensellerie putzen, waschen, evtl. harte Fäden an der Außenseite der Stengel abziehen, die Stengel in Scheiben schneiden
für die Essig-Lösung

500 ml (1/2 l) Rotwein-Essig mit
500 ml (1/2 l) Wasser
250 ml (1/4 l) Rotwein
3–3 1/2 Eßl. Flüssigsüße
einigen Tropfen Tabasco

2 Lorbeerblättern
1 Stange Zimt
1 Teel. Salz zum Kochen bringen, kurz aufkochen lassen, Schalotten und Staudenselleriescheiben hineingeben, zum Kochen bringen, halbgar kochen lassen, mit einem Schaumlöffel herausnehmen, mit den Tomaten in vorbereitete Gläser (S. 20 Punkt 4/5) füllen
die Flüssigkeit wieder zum Kochen bringen, von der Kochstelle nehmen

1 Päckchen Einmach-Hilfe unterrühren, über das Gemüse gießen
die Gläser nach dem Erkalten verschließen (S. 20 ab Punkt 11) **oder** bei Schraubverschlußgläsern (Twist-off-Deckel) die Gläser **sofort** verschließen.

Marinierter Spargel

1 kg Spargel waschen, von oben nach unten schälen, holzige Stellen entfernen

500 ml (1/2 l) Salzwasser zum Kochen bringen, die Spargelschalen hineingeben, zum Kochen bringen, etwa 15 Minuten kochen lassen, auf ein Sieb geben, die Kochflüssigkeit auffangen, die Spargelschalen entfernen
die Flüssigkeit mit

250 ml (1/4 l) Weißwein-Essig
3 Teel. Flüssigsüße
1 Teel. schwarzen Pfefferkörnern zum Kochen bringen, die Spargelstangen hineingeben, zum Kochen bringen, etwa 15 Minuten kochen lassen
die Spargelstangen mit

1 Teel. gehackten Estragonblättern
1 Teel. feingehacktem Dill
1 Teel. feingehackten Kerbelblättchen in vorbereitete Gläser (S. 20 Punkt 4/5) geben
die Flüssigkeit wieder zum Kochen bringen, sofort über den Spargel gießen
die Gläser nach dem Erkalten verschließen (S. 20 ab Punkt 11) **oder** bei Schraubverschlußgläsern (Twist-off-Deckel) die Gläser **sofort** verschließen.

Sellerie-Salat, eingelegt

1 1/2 kg Sellerieknollen putzen, schälen, waschen

500 ml (1/2 l) Kräuter-Essig mit

250 ml (1/4 l) Wasser
1 gestrichenen Eßl. Salz
1 Eßl. Flüssig-Süße zum Kochen bringen, die Selleriekollen hinzufügen, zum Kochen bringen, 25–30 Minuten bei schwacher Hitze kochen lassen, heraus-

Fortsetzung Seite 190

nehmen, mit einem Buntschneidemesser in 7–8 mm dicke Scheiben schneiden

3–4 junge Sellerieblätter abspülen, trockentupfen, mit den Selleriescheiben in vorbereitete Gläser (S. 20 Punkt 4/5) füllen

für die Essig-Lösung

2 rote Zwiebeln abziehen, in Scheiben schneiden, mit

250 ml (1/4 l) Kräuter-Essig
125 ml (1/8 l) Wasser
1 Teel. Salz
1 Teel. Flüssig-Süße
1 Teel. schwarzen Pfefferkörnern zum Kochen bringen, über die Selleriescheiben gießen

die Gläser nach dem Erkalten verschließen (S. 20 ab Punkt 11).

Ananas-Ingwer-Konfitüre mit Limettensaft

(Abb. S. 191)

1000 g (1 kg) Ananasfleisch (vorbereitet gewogen)

vorbereiten: von 3 mittelgroßen Ananas das Grün und die Strünke abschneiden, die Ananas vierteln, die holzige Mitte längs herausschneiden, das Ananasfleisch mit einem großen Messer aus der Schale schneiden, die eine Hälfte des Fruchtfleisches in kleine Würfel schneiden, die andere Hälfte pürieren

die Frucht-Masse wiegen (1000 g), mit

1 Beutel Gelfix Zwei + Eins
Saft und abgeriebener Schale von 2 Limetten (unbehandelt)
1 Teel. gemahlenem Ingwer oder 15 g feingewürfelter Ingwerwurzel
2 Eßl. Flüssigsüße verrühren, 20–30 Minuten durchziehen lassen

die Frucht-Masse unter Rühren langsam zum Kochen bringen

die Konfitüre **1 Minute (nach der Uhr)** unter ständigem Rühren kochen lassen, von der Kochstelle nehmen

Einfüllen der Konfitüre und Verschließen der Gläser S. 15

Aufbewahren der Gläser S. 14 ab Punkt 10.

Kiwi-Konfitüre mit Grapefruit

(Abb. nebenstehend)

400 g Kiwis (vorbereitet gewogen)

vorbereiten: etwa 6 Kiwis dünn schälen, die eine Hälfte der Kiwis in Scheiben schneiden, die andere Hälfte grob zerkleinern, mit einer Gabel zerdrücken, die Frucht-Masse wiegen (400 g)

600 g Grapefruitfleisch (vorbereitet gewogen)

vorbereiten: etwa 5 Grapefruits schälen, in Spalten teilen, die Spalten enthäuten, kleinschneiden (den Saft auffangen), wiegen (600 g)

die Frucht-Masse mit

1 Beutel Gelfix Zwei + Eins
1 1/2 Eßl. Flüssigsüße verrühren, etwa 30 Minuten durchziehen lassen

die Frucht-Masse unter Rühren langsam zum Kochen bringen, die Konfitüre **1 Minute (nach der Uhr)** unter ständigem Rühren kochen lassen, von der Kochstelle nehmen

Einfüllen der Konfitüre und Verschließen der Gläser S. 15

Aufbewahren der Gläser S. 14 ab Punkt 10.

Kiwi: Die aus China stammende Beerenfrucht wird auf Grund der einfachen Verarbeitung und des pikanten, süß-säuerlichen Geschmacks in unserer Küche immer beliebter.

Limette: Die „grüne Zitrone“ wird gerne verwendet, weil sie mehr und milderen Saft als die herkömmliche Zitrone hat.

Citrus-Gelee mit Fruchtstückchen

(Abb. oben)

300 g rosa Grapefruitfleisch (vorbereitet gewogen)

vorbereiten: 3 Grapefruits schälen, in Spalten teilen, die Spalten enthäuten, kleinschneiden (den Saft auffangen), wiegen (300 g)

3 rosa Grapefruits
1 Orange

die Früchte halbieren, entsaften, den Saft messen (700 ml)
Fruchtfleisch und -saft mit

1 Beutel Gelfix Zwei + Eins
$2^1/_2$–3 Teel. Flüssigsüße

verrühren, etwa 15 Minuten durchziehen lassen
die Flüssigkeit unter Rühren langsam zum Kochen bringen
das Gelee **1 Minuten (nach der Uhr)** unter ständigem Rühren kochen lassen, von der Kochstelle nehmen
Einfüllen des Gelees und Verschließen der Gläser S. 17.

Süß-saure Essig-Birnen

1 kg kleine, reife feste Birnen waschen, schälen, die Blüte herausschneiden, den Stiel nicht entfernen
die Birnen in
Essigwasser legen
für die Essig-Lösung
1 kleines Stück Ingwerwurzel schälen, in Scheiben schneiden, mit
375 ml (3/8 l) Rotwein-Essig
375 ml (3/8 l) Rotwein
1 Stange Zimt
4 Gewürznelken zum Kochen bringen, etwa 5 Minuten kochen lassen
4 1/2–5 Eßl. Flüssigsüße unterrühren, die Birnen in die Flüssigkeit geben, bei schwacher Hitze etwa 10 Minuten kochen lassen, mit einem Schaumlöffel herausnehmen, in ein vorbereitetes großes Glas (S. 20 Punkt 4/5) füllen
die Flüssigkeit zum Kochen bringen, heiß über die Birnen gießen
die Gläser nach dem Erkalten verschließen (S. 20 ab Punkt 11) **oder** bei Schraubverschlußgläsern (Twist-off-Deckel) die Gläser **sofort** verschließen.

Tip: Süß-saure Essig-Birnen zu Wildgerichten reichen.

Safran-Birnen in Weißwein

(Abb. nebenstehend)

1 1/2 kg reife, feste Birnen waschen, schälen, halbieren, von Blüte, Stiel und Kerngehäuse befreien, in
Essigwasser legen
für die Weißwein-Lösung
750 ml (3/4 l) trockenen Weißwein mit
2 Eßl. Flüssigsüße
abgeriebener Schale und Saft von 1 Zitrone (unbehandelt)
1 Döschen Safran
2 Stangen Zimt
8 Gewürznelken zum Kochen bringen, kurz aufkochen lassen, die Birnenhälften (evtl. in 2 Portionen) hineingeben, zum Kochen bringen, bei schwacher Hitze 5–8 Minuten kochen lassen, mit einem Schaumlöffel herausnehmen, in vorbereitete Gläser (S. 20 Punkt 4/5) füllen
250 ml (1/4 l) Wasser zu der Kochflüssigkeit gießen, zum Kochen bringen
1 Messerspitze (1 g) Ascorbinsäure (Zitronensäure) unterrühren, sofort über die Birnen gießen
die Gläser nach dem Erkalten verschließen (S. 20 ab Punkt 11) **oder** bei Schraubverschlußgläsern (Twist-off-Deckel) die Gläser **sofort** verschließen.

Erdbeer-Rhabarber-Konfitüre

500 g (1/2 kg) Erdbeeren (vorbereitet gewogen)
vorbereiten: Erdbeeren waschen, abtropfen lassen, entstielen, halbieren, die Hälfte der Erdbeerstückchen zerdrücken, die Erdbeeren wiegen (500 g)

500 g (1/2 kg) Rhabarber (vorbereitet gewogen)

vorbereiten: Rhabarber waschen, abtrocknen (nicht abziehen), in ganz kleine Stücke schneiden, wiegen (500 g)
Erdbeer-Masse und Rhabarberstückchen mit

1 Beutel Gelfix Zwei + Eins
1 1/2 Eßl. Zitronensaft
2 Eßl. Flüssigsüße

verrühren, etwa 30 Minuten durchziehen lassen

die Frucht-Masse unter Rühren langsam zum Kochen bringen
die Konfitüre **1 Minute (nach der Uhr)** unter ständigem Rühren kochen lassen, von der Kochstelle nehmen
Einfüllen der Konfitüre und Verschließen der Gläser S. 15
Aufbewahren der Gläser S. 14
ab Punkt 10.

A
Äpfel . . . 30
Äpfel und Ananas in Calvados . . . 145
Ananas-Avocado-Apfel-Konfitüre . . . 78
Ananas-Chutney . . . 180
Ananas-Ingwer-Konfitüre mit Limettensaft . . . 190
Ananas in Wodka . . . 144
Ananas-Konfitüre . . . 102
Apfel-Feigen-Chutney . . . 178
Apfel-Gelee . . . 120
Apfel-Konfitüre . . . 76
Apfelkraut . . . 124
Apfelmus . . . 26
Apfelsinen-Feigen-Marmelade . . . 72
Apfelsinen-Gelee . . . 122
Apfelsinen-Marmelade . . . 94
Apfelsinen-Pomelo-Marmelade . . . 89
Apfelstückchen (für Tortenfüllungen) . . . 24
Apfel-Zwiebel-Chutney . . . 178
Aprikosen-Bananen-Konfitüre . . . 94
Aprikosen-Konfitüre . . . 102
Aprikosen-Mandel-Konfitüre . . . 96
Aprikosen, süß-sauer . . . 33
Auberginen in Öl . . . 159

B
Backobst in Rum . . . 142
Basilikum-Essig . . . 170
Bauernleber-Pastete . . . 63
Bauern-Sülze . . . 50
Bickbeeren, Blaubeeren, Heidelbeeren . . . 28
Birnen . . . 34
Birnen-Gelee . . . 106
Birnen-Kompott . . . 28
Birnen-Konfitüre . . . 86
Birnen mal ganz anders . . . 162
Birnen, süß-sauer, pikante . . . 32
Birnen und Pfirsiche, eingelegte . . . 29
Birnen und Pflaumen in Rotwein . . . 144
Blaubeeren, Bickbeeren, Heidelbeeren . . . 28
Blumenkohl, eingelegter . . . 164
Bohnen . . . 45
Broccoli . . . 61
Brombeer-Apfel-Gelee . . . 122
Brombeeren in Weinbrand . . . 141
Brombeer-Gelee . . . 122
Brombeer-Gelee mit Nektarinen . . . 121
Brombeer-Holunder-Konfitüre . . . 100
Brombeer-Konfitüre . . . 84
Brombeer-Konfitüre mit Gin . . . 96
Brombeer-Likör . . . 136
Brombeer-Pfirsich-Konfitüre . . . 96
Brombeer-Saft, gekocht . . . 128

C
Champignons . . . 53
Champignons, eingelegt . . . 156
Champignons, süß-sauer . . . 52
Chili con carne . . . 58
Citrus-Gelee mit Fruchtstückchen . . . 191
Cognac-Quitten, Pfälzer . . . 138
Curry-Ketchup . . . 179

D
Dicke Bohnen . . . 54
Dill-Essig . . . 170
Dill-Gurken . . . 60
Dreifrucht . . . 35
Dreifrucht-Gelee, exotisches . . . 113

E
Ebereschen-Gelee . . . 116
Eingekochte Ente in Orangensud . . . 62
Eingekochte Gans . . . 50
Eingekochter Kürbis, pikant . . . 66
Eingelegter Blumenkohl . . . 164
Eingelegte Kumquats . . . 136
Eingelegte Möhren . . . 154
Eingelegte Pfirsiche und Birnen . . . 29
Eingelegte Stangen-Bohnen . . . 69
Eisbein, gefülltes . . . 48
Ente in Orangensud, eingekochte . . . 62
Erbsen . . . 36
Erdbeeren . . . 29
Erdbeeren in Madeira . . . 140
Erdbeer-Gelee . . . 109
Erdbeer-Kiwi-Konfitüre mit grünem Pfeffer . . . 72
Erdbeer-Konfitüre . . . 90
Erdbeer-Konfitüre mit Flüssigsüße . . . 186
Erdbeer-Konfitüre mit Gelfix Zwei + Eins . . . 81
Erdbeer-Likör . . . 136
Erdbeer-Püree . . . 102
Erdbeer-Rhabarber-Konfitüre . . . 82
Erdbeer-Rhabarber-Konfitüre mit Flüssigsüße . . . 192
Erdbeer-Saft, gekocht . . . 128
Erdbeer-Sauerkirsch-Konfitüre . . . 74
Essig-Birnen, süß-saure . . . 192
Essig-Früchte, exotische . . . 186
Essig-Gurken . . . 64
Essig-Gurken mit Meerrettich . . . 164
Essig-Pflaumen . . . 152
Essig-Pflaumen, würzige . . . 156
Essig-Tomaten . . . 188
Estragon-Essig . . . 171
Exotische Essig-Früchte . . . 186
Exotische Früchte in Weinbrand . . . 140
Exotische Dreifrucht-Gelee . . . 113

F
Feigen-Apfelsinen-Marmelade mit Schuß . . . 77
Feigen in weißem Rum . . . 142
Feigen, Pfälzer . . . 143
Feines Kirsch-Kompott . . . 26
Fenchel, süß-sauer . . . 164
Feuriger Kräuter-Essig . . . 175
Fruchtmix in Weinbrand . . . 142
Frucht-Pickles, exotische . . . 194
Früchte in Weinbrand, exotische . . . 140

G
Gans, eingekochte . . . 50
Gefüllte Paprikaschoten . . . 40
Gefülltes Eisbein . . . 48
Gelbe Silber-Zwiebeln . . . 188
Gemüse-Saft, gedämpft . . . 131
Gemüse-Salat, ungarischer (Csalamàdè) . . . 166
Geschmorte Rinderhaxe im Gemüsesud . . . 56
Gewürz-Essig . . . 173
Gewürz-Öl, scharfes . . . 170
Grapefruit-Mandarinen-Marmelade . . . 78
Grüne Bohnen, eingesalzen . . . 166
Grüne Tomaten in Essig . . . 148
Gulasch . . . 38
Gurken in Bier . . . 162
Gurken-Saft, gedämpft . . . 130
Gurken, süß-saure . . . 152
Gurkentaler . . . 163

H
Hagebutten-Konfitüre . . . 94
Harzer-Käse in Öl . . . 158
Hausgemachter süßer Senf . . . 149
Heide-Frühstück . . . 56
Heidelbeeren, Bickbeeren, Blaubeeren . . . 28
Heidelbeer-Konfitüre . . . 100
Heidelbeer-Likör . . . 136
Himbeeren in Himbeergeist . . . 140
Himbeeren in Weinbrand . . . 143
Himbeer-Essig . . . 172
Himbeer-Gelee mit Zitronenmelisse . . . 119
Himbeer-Johannisbeer-Gelee . . . 120
Himbeer-Johannisbeer-Konfitüre . . . 84
Himbeer-Kiwi-Konfitüre . . . 77
Himbeer-Konfitüre . . . 98
Himbeer-Orangen-Konfitüre . . . 101
Himbeer-Püree . . . 92

Himbeer-Saft, gekocht 128
Himbeer-Saft, roh 132
Holunder-Apfel-Gelee 112
Holunderbeer-Gelee 114
Holunderbeer-Gelee mit Birnen 124
Holunderbeer-Saft, gekocht 133
Holunder-Essig 170
Holunder-Kompott, bayrisch 28
Holunder-Kompott, würziges 31

I
Ingwer-Äpfel 186
Ingwer-Essig-Pflaumen 32
Ingwer-Gelee 109
Ingwer-Gurken nach altem Rezept 164
Ingwer-Kürbis 150
Ingwer-Likör 138
Inger-Möhren 24
Irish-Stew 48

J
Johannisbeer-Gelee aus roten Johannisbeeren 108
Johannisbeer-Gelee aus Saft 110
Johannisbeer-Gelee aus schwarzen Johannisbeeren . 108
Johannisbeer-Gelee mit Gelfix Zwei + Eins 113
Johannisbeer-Himbeer-Gelee 118
Johannisbeer-Himbeer-Saft, roh 131
Johannisbeer-Kirsch-Konfitüre 97
Johannisbeer-Konfitüre aus roten Johannisbeeren . . 74
Johannisbeer-Konfitüre aus roten und schwarzen Johannisbeeren 76
Johannisbeer-Pfirsich-Konfitüre 84
Johannisbeer-Püree 76
Johannisbeer-Saft aus roten Johannisbeeren, gekocht 130
Johannisbeer-Saft aus schwarzen Johannisbeeeren, gekocht 128
Johannisbeer-Süßkirsch-Gelee 106
Josta-Gelee 114
Junger Knoblauch im Essigsud 155

K
Kaffee-Likör 139
Kirschäpfel-Gelee 114
Kirschen in Kirschwasser 140
Kirsch-Kompott, feines 26
Kirsch-Whisky-Konfitüre 100
Kiwi-Konfitüre 82
Kiwi-Konfitüre mit Grapefruit 190
Knoblauch-Essig 174
Knoblauch-Gurken 48
Knoblauch im Essigsud, junger 155
Kohlrabi 46
Kohlrouladen 60
Kräuter-Essig, feuriger 175
Kräuter-Gurken 148
Kräuter-Öl-Mischung 175
Kräuter-Öl, pikant 174
Kümmel-Likör 138
Kürbis, pikant eingekochter 66
Kürbis, süß-sauer 156
Kürbis, würzig 54
Kumquats, eingelegte 136
Kumquats-Orangen-Marmelade 74

L
Landleberwurst, grob 38
Limonen-Gelee 115

M
Mandarinen-Orangen-Marmelade 88
Mango-Konfitüre 90
Mango-Melonen-Konfitüre 98
Maracuja-Gelee 113
Marinierter Schafskäse 152
Marinierter Spargel 189
Matjes in Dill 159
Mehrfrucht-Konfitüre 86
Melone in Gin 145
Melonen, pikante 26
Melone, süß-sauer 161
Mett 63
Mirabellen 34
Mirabellen oder Pflaumen, süß-saure 158
Mittelmeer-Pickles 59
Mixed-Pickles 40
Möhren 46
Möhren, eingelegte 154
Möhren-Saft, gedämpft 130

N
Nektarinen-Gelee 116
Nektarinen-Konfitüre 90

O
Öl mit Kräutern 174
Orangen-Chutney 180
Orangen-Essig 170
Orangen-Gelee mit Whisky 114
Orangen-Likör 136

P
Pampelmusen-Gelee 115
Pampelmusen-Marmelade 78
Pampelmusen-Marmelade mit Pfiff 92
Papaya-Avocado-Konfitüre 92
Papaya-Himbeer-Konfitüre 72
Paprika-Gurken-Gemüse 44
Paprika-Öl 174
Paprikaschoten, gefüllte 40
Paprika, süß-sauer eingelegt 156
Paprika und Tomaten, süß-saure 42
Perlzwiebeln, süß-sauer 160
Pesto (Italienische Basilikum-Soße) 172
Pfälzer Cognac-Quitten 138
Pfälzer Feigen 143
Pfefferminz-Likör 138
Pfeffer-Rippchen 60
Pfeffer-Sülze 63
Pfifferlinge 52
Pfirsich-Aprikosen-Relish 183
Pfirsiche 30
Pfirsiche und Birnen, eingelegte 29
Pfirsiche und Kiwis in weißem Rum 139
Pfirsich-Gelee 110
Pfirsich-Ingwer-Pickles 167
Pfirsich-Konfitüre 80
Pfirsich-Konfitüre mit Zitronenmelisse 86
Pfirsich-Melonen-Konfitüre 76
Pflaumen 24
Pflaumen-Holunder-Konfitüre 80
Pflaumen-Kompott 24
Pflaumen-Kontitüre mit Wodka 92
Pflaumen oder Mirabellen, süß-saure 158
Pflaumen- oder Zwetschen-Gelee 110
Pflaumen- oder Zwetschen-Konfitüre 98
Pflaumen- oder Zwetschenmus 81
Pflaumen und Birnen in Rotwein 144
Pickles aus buntem Gemüse 154
Pikante Birnen, süß-sauer 32
Pikante Melonen 26
Pikante Zwiebeln 153
Pilze in Öl 162
Pomelo-Ananas-Marmelade 93
Pot au feu 68
Poularden-Paprika-Sülze 56
Puzßta-Hähnchen-Topf 50
Preiselbeer-Birnen-Konfitüre 93
Preiselbeer-Gelee mit Cidre 118
Preiselbeer-Konfitüre 73
Prinzeßbohnen, süß-sauer 160
Provençalische Oliven 158

Q
Quitten-Gelee 110
Quitten-Konfitüre 80

R

Renekloden 25
Renekloden in Armagnac 30
Renekloden-Konfitüre 90
Renekloden, süß-sauer 155
Rinderhack-Pastete 46
Rinderhaxe im Gemüsesud, geschmorte 56
Rinder-Rouladen 42
Rinder-Schmorbraten 66
Rhabarber 30
Rhabarber-Gelee 112
Rhabarber-Ingwer-Konfitüre 98
Rhabarber-Nektarinen-Konfitüre 74
Rhabarber-Orangen-Gelee 119
Rhabarber-Pfirsich-Aprikosen-Konfitüre 85
Rhabarber-Saft, gedämpft 128
Rosmarin-Öl 171
Rote Bete, Rote Rüben 68
Rote Bete mit Kümmel und Merrettich 150
Rote Bete, würzig eingelegte 149
Rote Rüben, Rote Bete 68
Roter Weintopf 142
Rotkohl 44
Rotkohl-Rouladen 67
Rotkohl, süß-sauer 148
Rum-Topf 144
Rum-Topf, exotischer 194
Rum-Topf, weißer 145

S

Safran-Birnen in Weißwein 192
Salbei-Rippchen 66
Salzgurken 37
Sanddorn-Saft, gekocht 128
Sauerbraten 54
Sauerfleisch, pikant 46
Sauerkirschen im eigenen Saft 27
Sauerkirschen in Rum 140
Sauerkirsch-Gelee 116
Sauerkirsch-Konfitüre 81
Sauerkirsch-Konfitüre mit Rotwein 85
Sauerkirsch-Saft, gekocht 133
Sauerkirsch-Saft, roh 132
Sauerkirsch-Vanille-Konfitüre 78
Sauerkraut 166
Sauerkraut-Saft, gekocht 130
Sellerie 36
Sellerie-Salat, eingelegt 189
Senf-Früchte 150
Senf-Gemüse 153
Senfgurken, würzige 38
Senfgurken 167
Senf, hausgemachter, süßer 149
Sherry-Essig, würziger 170
Silber-Zwiebeln, gelbe 188
Spargel 37
Spargel, marinierter 189
Spargelstücke 48
Süßkirschen 35
Süß-saure Champignons 52
Süß-saure Essig-Birnen 192
Süß-saure Gurken 152
Süß-saure Paprika und Tomaten 42
Süß-saure Pflamen oder Mirabellen 158

Sch

Schafskäse, marinierter 152
Scharfes Gewürz-Öl 170
Schattenmorellen in Rum 143
Schlehen-Apfel-Konfitüre 96
Schlehen-Brombeer-Saft, gekocht 132
Schulterbraten in Apfelsud 40
Schwarzwurzeln 36
Schweinerücken in Orangensud 64

St

Stachelbeer-Bananen-Konfitüre 86
Stachelbeeren in Gin 140
Stachelbeeren 33
Stachelbeer-Gelee 108
Stachelbeer-Gelee mit Aprikosen 116
Stachelbeer-Gelee mit Bananen 118
Stachelbeer-Himbeer-Gelee 106
Stachelbeer-Konfitüre 102
Stangen-Bohnen, eingelegte 69
Stauden-Sellerie 44
Steckrüben, bäuerliche Art 42
Steinpilze 52

T

Thymian-Öl mit Lavendel 172
Tomaten in Essig 160
Tomaten-Ketchup 179
Tomaten in Essig, grüne 148
Tomatenmark 69
Tomaten-Paprika-Chutney 180
Tomaten-Paprika-Ketchup 182
Tomaten-Paprika-Relish 178
Tomaten und Paprika, süß-saure 42
Trauben und Ananas in braunem Rum 139

U

Ungarischer Gemüse-Salat (Csalamàdè) 166

W

Walnuß-Backpflaumen-Mus 29
Weinbrand-Pfirsiche 142
Wein-Essig mit Pfeffer 174
Weintopf, roter 142
Weintrauben-Gelee 124
Weintrauben-Konfitüre 102
Weißer Rum-Topf 145
Wildsülze in Portwein-Gelee 55
Winter-Kompott, würziges 25
Wirsing 45
Würz-Gurken 64
Würzige Essig-Pflaumen 156
Würzig eingelegte Rote Bete 149
Würziger Sherry-Essig 170
Würzige Senfgurken 38
Würziges Holunder-Kompott 31
Würziger Winter-Kompott 25
Wodka-Topf 145

Z

Zitronen-Gelee 114
Zitronen-Marmelade 88
Zitronenmelisse-Lavendel-Essig 171
Zucchini 45
Zuckerscheiben 161
Zwetschen in Rum 142
Zwetschen- oder Pflaumen-Gelee 110
Zwetschen, süß-sauer 26
Zwiebeln, pikante 153
Zwiebel-Paprika-Relish 182